La Fondazione Echaurren Salaris ringrazia Maurizio Calvesi per avere autorizzato la pubblicazione di questo volume, in cui è riproposto a distanza di quarant'anni il saggio *Avanguardia di massa*. Un testo imprescindibile per capire gli anni Settanta, che non solo ha saputo intercettare i mutamenti epocali ma sin dal titolo ha codificato una formula storico-critica atta a comprendere un intero clima culturale.
Ringraziamo Augusta Monferini per avere risposto con generosità alla nostra richiesta. Un grazie vivissimo a Raffaella Perna, direttrice della collana. Siamo riconoscenti a Gianni Romano, che sostiene la nostra iniziativa con la sua casa editrice. Grazie anche a Lorenzo Canova per aver appoggiato questo progetto.

Avanguardia di massa.
Compaiono gli indiani metropolitani
di Maurizio Calvesi

Redazione a cura di Antonella Sgambati
www.fondazioneechaurrensalaris.it

In copertina: Disegno di Pablo Echaurren pubblicato su
Lotta Continua, 22 marzo 1977

www.postmediabooks.it
ISBN 978-88-7490-211-8

Avanguardia di massa

Compaiono gli indiani metropolitani

Maurizio Calvesi

postmedia●books

Avanguardia di massa

Maurizio Calvesi

1° febbraio 1977: mentre a Parigi si inaugura il centro Georges Pompidou, alias Beaubourg, 'supermarket' dell'avanguardia, in Italia sono registrate le prime avvisaglie del nuovo movimento studentesco. Il *Corriere della Sera* vi dedica un neretto in prima pagina: "Una nuova ondata di agitazioni minaccia le università italiane. A Palermo, a Sassari, Napoli, molte facoltà occupate". Compaiono gli "indiani metropolitani". Ecco due avvenimenti la cui simultaneità potrebb'essere emblematica.

Nei mesi seguenti, Beaubourg registra un'affluenza di pubblico senza precedenti: "ouvert depuis un peu moins de six mois", commenta *Le Figaro* del 25 giugno, "inscrit désormais sur le carnet de route des amateurs d'art, des touristes et des curieux [...] Derrière les feux de la rampe, le musée abrite une multitude de manifestations qui étaient, hier encore, l'apanage des galeries spécialisées. Seuls les initiés s'y retrouvaient. Là seulement se respiraient à pleines narines les parfums sulfureux de l'avant-garde. Pourtant voilà, les temps ont bien changé. C'en est fini de l'esprit de caste. Une foule énorme, compacte se répand chaque jour sur tous les niveaux du musée [...]. Force est de constater que l'avant-garde aujourd'hui nous amuse. Son action provocatrice, son invention corrosive, ont pris du ventre et des rides en même temps que du confort".

La nuova contestazione studentesca, negli stessi mesi, monta tumultuosamente sviluppando una forte capacità provocatoria: proprio quella capacità che l'avanguardia ha perduto. Ma non saranno, Beaubourg e indiani metropolitani, due aspetti complementari della massificazione di una cultura? È vero che

Beaubourg sta agli indiani metropolitani come il tempo libero alla disoccupazione, ma queste sono due dimensioni con cui interferisce sottilmente la stessa logica delle avanguardie.

L'avanguardia, nel suo ciclo di nascita, sviluppo e dissoluzione, si è posta sempre come modello di se stessa. Ora fa da modello a qualcos'altro da sé: alla cultura come consumismo (Beaubourg) e ad una modalità di ribellione. La spirale dell'avanguardia era intrecciata, in realtà, di entrambe le componenti, o conteneva entrambi i modelli, di cui ora si verifica la scissione. Creatività protestataria, tale è stata anche in quanto connessa ad un vuoto di funzioni, ovvero alla "disoccupazione" dell'artista, artigiano di lusso nell'età delle macchine. Ma in quanto modello di continua distruzione anche di se stessa, essa si è data come parametro "astratto" di consumo, al tempo stesso che di protesta.

Astratto solo in quanto, nella sua separatezza ed elezione, improduttivo di reale protesta e di reale consumo, astratto come si conviene ad una creatività "pura" o separata che della separatezza vive il dramma e il privilegio, che del suo dramma vuol fare un privilegio. D'altra parte, è proprio nell'improduttività, o meglio in una sorta di parassitismo privilegiato, che consumo e protesta potevano ordire un sistema apparentemente irrelato al contesto sociale, tale da poter essere giudicato, sotto l'uno come sotto l'altro aspetto, un'improbabile stranezza. Ovvero una manifestazione della "stravaganza" propria degli artisti. (Ma non a caso fu al primo irrompere della civiltà industriale che l'artista cominciò ad essere gratificato con insistenza di un tale statuto di anormalità e stravaganza, che tende ad assimilarlo al più irrecuperabile degli emarginati: il folle.)

In realtà la connessione con il sistema produttivo e sociale sussisteva, anche se di segno contraddittorio: come rispecchiamento (dei ritmi accelerati di produzione e consumo) e insieme come rifiuto ideologico, proprio di chi è tagliato fuori ma ambisce ad entrare e finisce per mercificare la propria esclusione, creando al dunque il prodotto (= il linguaggio vendibile) dell'emarginazione (= protesta). Linguaggio elettivo di un'emarginazione "eletta", ad auto-eleggentesi a specchio delle contraddizioni - interne alla società e dunque a se stessa - e a guida della contraddizione, *contro* la società e contro se stessa.

Un'ottica di questo genere, va chiarito, accantona consapevolmente il problema dei valori espressivi, non per proporne una svalutazione, ma per circoscrivere l'obbiettivo specifico della ricerca; o meglio, per brevità, è costretta a saltare tutta una serie di passaggi. Per concentrarsi sul passaggio finale, che qui particolarmente interessa, quando il linguaggio della protesta e del consumo elaborato dalle avanguardie, ovvero il linguaggio dell'emarginazione 'eletta', cessa di essere linguaggio elettivo per esprimere una condizione contraddittoria-contraddicente a raggio improvvisamente dilatato.

Questo passaggio, che comporta ovviamente anche uno snaturamento e provoca tra l'altro un totale scarto dai circuiti della produzione, vanificando il consumo ma non i suoi richiami, è reso possibile dall'allargarsi, certo, della disoccupazione; ma, dentro alla sua mappa, di un particolare tipo di disoccupazione, quella intellettuale, capace per sua specifica qualificazione e insieme estensione di far da tramite tra la cultura dell'emarginazione eletta e l'area dell'emarginazione 'bassa', con cui ormai comunica direttamente.

Ora l'apparente astrazione dell'avanguardia, che faceva sempre da modello a se stessa, fa dunque da modello ad una tangibile concretezza: la sua qualità, o particolarità rarefatta, fa da modello ad una prassi quantitativamente massiccia.

Fa comunque da modello a *qualcos'altro* da sé, dicevamo, e occorre subito insistervi: infatti nel collegare o confrontare i movimenti studenteschi alle avanguardie, non inseguiamo un'operazione riduttiva, ovvero l'ipotesi di una continuità come identità, che sarebbe assurda; ma semmai di una prosecuzione come diversità: nel corpo di fenomeni più complessi che hanno altre dimensioni e naturalmente anche altre matrici, soprattutto ideologiche e politiche, e costituzioni e finalità diverse.

Di fronte al nesso ideologico tra indiani metropolitani, autonomi e terroristi, che disegna un tragico e convergente crescendo da livelli culturali differenziati all'esito indifferenziabile della violenza, il rimando 'in calando' alla cultura delle avanguardie, che riguarda piuttosto i primi e l'area bolognese del "movimento", non servirà di discriminante né assoluta né (per nessuno) assolutoria; ma stante la contraddittorietà di questo nesso, illuminare la componente può servire a caratterizzare, e soprattutto ad addentrarsi nel corpo stesso delle contraddizioni. Cominciamo da quella che chiamerei la logica dello "spossessamento e sorpasso", spesso esercitata dall'avanguardia subentrante ai danni dell'avanguardia in via di esaurimento.

La logica dello "spossessamento e sorpasso", assunta dalle avanguardie come tecnica della loro crescita su se stesse ovvero della distruzione di se stesse (sviluppando così, anche artificiosamente, un nucleo interno di dialettica e affrettando i tempi del 'consumo' culturale), si è proiettata al di fuori: ed ha dettato ai movimenti giovanili un'operazione di "spossessamento e sorpasso" nei confronti della globalità delle avanguardie. Questa operazione esautorante, a partire dal Sessantotto, ha fatto sì che le avanguardie, prese a modello, venissero più o meno implicitamente negate al tempo stesso, come residuo di cultura borghese: la negazione si realizzava insomma attraverso il consumo, secondo il modello delle avanguardie. In questo senso, il falò di proposizioni avanguardistiche acceso in piazza dagli indiani metropolitani, con gesto di breve durata e probabilmente irripetibile, lascia segni contraddittori di un'ulteriore accelerazione consumistica nel progetto 'rivoluzionario' mentre, appunto, snerva e relega nell'utopismo il progetto delle avanguardie. E mentre sull'opposto-complementare versante Beaubourg esalta il consumismo come esito pacificamente massificante della cultura d'avanguardia, tendendo a risolvere in puro e autentico consumo anche l'originaria istanza ribellistica e protestataria.

La verifica dei nessi tra avanguardie e nuova cultura studentesca potrà del resto offrirci appigli più circostanziati. In questa stessa raccolta, rinvio allo stralcio da un mio testo del 1970 su alcuni temi futuristi ed anche dadaisti e surrealisti ereditati dal Sessantotto. Ma ho creduto utile riprodurre altresì, in questa raccolta, un commento dello stesso anno al gesto presto dimenticato di quel tale pittore surrealista Benjamin Mendoza y Amor che attentò alla vita di Paolo VI: "Le idee surrealiste - osservavo - non sembrano fatte per tradursi in pratica: abituati a considerarle paradossali cioè inverosimili e solo teoriche, neanche le riconosciamo quando si inverano". Vedremo che qualcosa di analogo potrà rilevare Umberto Eco a proposito della "messa in pratica" del surrealismo da parte degli studenti bolognesi.

Il Settantasette e i suoi clamorosi annunci del mese di febbraio mi riproposero queste riflessioni, cui facevo rimando in un articolo apparso in *Corriere della Sera* del 20 febbraio (redatto sul primo nascere dei nuovi fenomeni e prima del comizio stesso di Lama: 17 febbraio). L'articolo non è riprodotto in questa raccolta perché, per metà, trattava dell'occupazione giovanile nel settore dei beni culturali; se ne possono comunque trascrivere qui di seguito i brani pertinenti. Infatti è stato il riferimento, oltre che di polemiche travisanti che è superfluo citare, anche di serie riprese o discussioni, nelle quali vale la pena di intrattenersi:

"Il Sessantotto faceva leva, soprattutto, su un'esigenza di svecchiamento della cultura impartita nelle università e in questo, come in altri atteggiamenti, riprendeva la polemica anzi-accademica e il filone storico delle avanguardie. 'I corsi ed esami delle nostre scuole', scrivevano i futuristi nel 1916, 'sono altrettanti trabocchetti tesi agli entusiasmi dei giovani: arrivare alla laurea senza rimbambire, se fosse possibile, sarebbe un cross-country veramente prodigioso'".

Osservando queste ed altre analogie, pur nelle sostanziali diversità, e riflettendo sull'involuzione politica del futurismo, mi sembrò allora di poter concludere che, questa, è del tutto erroneamente valutata come una conseguenza *necessaria* delle premesse ideologiche del futurismo, mentre è stata solo uno degli esiti possibili del suo spontaneismo. "Nessuno si meraviglierebbe in un prossimo futuro - aggiungevo

- di assistere a nefasti portati politici, ad esempio, dell'attuale contestazione, i cui sfoci sono imprevedibili proprio per quel carattere spontaneistico che pure è un pregio di questo movimento".

"Non saprei dire se i fatti che stiamo vivendo siano una verifica di tale ipotesi; questo non è il Sessantotto, ma il figlio che ha quasi solo i difetti del padre geniale; comunque, perché i futuristi finirono per orientarsi a destra? Perché non fu offerto altro spazio alla loro agitazione, perché solo il fascismo fece suo (con animo profondamente mistificante, inutile dirlo) lo slogan "largo ai giovani" che era nato (come "marciare, non marcire") nei manifesti futuristi. Oggi un settimanale notevolmente di destra ripropone con simpatia gli slogan del Sessantotto, come "l'immaginazione al potere", che è poi anche questo uno slogan surrealista e per li rami futurista".

L'assunto mi sembra da confermare, e forse da chiarire, in considerazione di quei travisamenti: il futurismo, e analogamente il recente "movimento", non è portatore di un'ideologia reazionaria; ma il suo spontaneismo libertario lo espone a possibili (tutt'altro che necessarie) involuzioni di destra, tanto più dove intervengano forze interessate a farne proprie, subdolamente, slogan e insofferenze.

L'assunto era già implicito, del resto, in altro breve articolo riprodotto in questa raccolta, e appena precedente (21 dicembre 1976), che sottolineava il carattere *non* fascista del Manifesto del partito futurista italiano (1918), bensì improntato ad una "ideologia sostanzialmente, in buona percentuale, libertaria, su una linea "radicale" esposta, come tale, alle confusioni anche sessantottesche di sempre, ma con l'innegabile funzione scatenante di certe battaglie".

Mi premeva, al dunque, riproporre l'istruttivo confronto con le avanguardie, istruttivo per entrambi i termini del confronto, cui il successivo esplodere delle forme "creative" del "movimento" ha fornito interessanti materiali: al punto che è lecito chiedersi se si tratti davvero di pure e semplici "analogie", o non invece di nessi e rapporti più precisi.

Intanto il dibattito già prendeva forma nei commenti della stampa, che tace ancora nel marzo sul raccordo "movimento" - avanguardie, ma lo accenna o lo esamina a partire da aprile, fino poi all'uscita del volume di Egeria Di Nallo e altri autori (*Indiani in città*, Bologna, maggio 1977) che vi dedica largo spazio.

Franco Ferrarotti (*Chi ha messo la trappola in cui cadono i giovani?*, in *Corriere della Sera* del 15 aprile '77) si richiama al futurismo come radice italiana di un culto astratto della violenza: "La violenza per la violenza, vale a dire la violenza in luogo dell'azione politica e culturale, sia essa tesa a manifestarsi come "atto esemplare" o sia invece concepita come gesto politicamente creativo in sé, non ha nulla di rivoluzionario [...]. In Italia ciò potrà anche sembrare nuovo, ma è vecchio di almeno tre generazioni. Bisogna tornare a leggere il "manifesto del Futurismo" di Marinetti, che è del 1909. È già lì l'esaltazione della velocità, della violenza, dello schiaffo e del pugnale". Successivamente lo stesso Ferrarotti (*La paleorivoluzione degli autonomi*, in *Corriere della Sera* del 21 maggio; *Quale cultura c'è dietro gli autonomi?*, in *Corriere della Sera* del 31 maggio) suggerisce, ma contraddetto da più parti, Sorel, autore comunque non estraneo alla formazione ideologica del futurismo (vedi G. L. Rosa, *Quell'autonomo di Sorel*, in *Panorama* del 14 giugno; P. Craveri, *A chi fa paura Georges Sorel*, in *La Repubblica* del 14 giugno).

Non è tanto e solo, comunque, sul tema troppo generale e allargante della violenza, che l'aggancio con le avanguardie risulterà tangibile, quanto sul piano del linguaggio, specie nei suoi momenti creativi o che come tali si propongono. La stampa e i ciclostilati prodotti dal "movimento" a partire dal marzo, nonché le scritte murali, offrono qualche concreta conferma: vedi già *WOW*, recensito da G. Borghese e M. Nava in *Corriere della Sera* del 21 aprile, "dove dadaismo, futurismo, parole incrociate, Emilio Isgrò si mescolano in un cocktail che sa di goliardia riscoperta, anche se raffinata".

Il fenomeno era stato analizzato intanto da Umberto Eco in *L'Espresso* del 10 aprile: *Come parlano i "nuovi barbari". C'è un'altra lingua: l'italo-indiano*. Eco tenta appunto la chiave di lettura delle avanguardie, estendendola più generalmente al linguaggio dei giovani. Ritengo opportuno riportare in larga parte lo scritto, sia per l'importanza dell'analisi, sia per un criterio metodologico di documentazione che è da affermare, di fronte a una sempre più diffusa disinvoltura storiografica:

"Apriamo a caso la radio e ascoltiamo una delle canzoni che i giovani oggi ascoltano, qualcosa di un cantautore qualsiasi. La prima reazione è che esso parli un linguaggio dissociato, fatto di allusioni che ci sfuggono: non ci sono "nessi logici", eppure non solo la canzone sta dicendo qualcosa, ma questo qualcosa riesce perfettamente familiare e convincente a un ragazzo di 14 anni. Dopo un poco si è assaliti da un sospetto: non appariva altrettanto illogica e dissociata agli occhi dei primi lettori sbigottiti una poesia di Eluard? O di Apollinaire? O di Majakovskij? O di Lorca? Una delle cose che maggiormente colpisce il professore (di università o di liceo) che si confronta con un'assemblea di studenti è che le richieste, i temi, le rivendicazioni del lunedì sono diverse da quelle del martedì. Dove il gruppo pare trovare una strana coerenza tra due pacchetti di richieste, la controparte si trova smarrita. Il tutto avviene in base a poche impalpabili parole d'ordine, come se si fosse data una tacita e istantanea ricostituzione di codice comportamentale. Mi pare la stessa sensazione che provavano i primi lettori dell'*Ulisse* di Joyce: dopo che si erano adattati allo stile viscerale di un capitolo a monologo interiore, reagivano stupiti di fronte al capitolo successivo costruito usando tutte le figure della retorica classica. Dopo aver capito alcune pagine in cui molti eventi venivano guardati da un solo punto di vista, non si ritrovavano più in altre pagine in cui un solo evento veniva guardato da molti punti di vista.

"La cultura "alta" aveva presto capito e spiegato che ci trovavamo di fronte a modelli di laboratorio di una sovversione dei linguaggi, dove l'arte cercava di prefigurare uno stato di crisi e metteva in questione il *soggetto umano*. Il soggetto diviso, la dissoluzione della coscienza, dell'io trascendentale, la negazione del punto di vista privilegiato come parabola del rifiuto del potere, quante chiavi esplicative non si sono elaborate per spiegare un modello di nuovo linguaggio possibile che l'arte elaborava a livello di laboratorio? Sullo sfondo rimaneva la società coi suoi codici consueti, coi suoi metalinguaggi garantiti, con i quali spiegava e giustificava le ragioni storiche di questi linguaggi in libertà. All'obiezione che essi non riflettevano la realtà sociale del momento, ci si richiamava alle famose disparità di sviluppo che si manifestano tra struttura e sovrastruttura. La pratica eversiva dei vari linguaggi avrebbe dovuto prefigurare stati di disgregazione o di ricomposizione sociale e psicologica che magari, a livello dei rapporti economici, si sarebbero resi espliciti solo in una fase successiva.

"Ora forse ci siamo: le nuove generazioni parlano e vivono nella loro pratica quotidiana il linguaggio (ovvero la molteplicità dei linguaggi) dell'avanguardia. Tutti insieme. La cultura alta si è affannata a identificare i tragitti del linguaggio d'avanguardia cercandoli ormai dove si perdevano in strade senza sbocco, mentre la pratica della manipolazione eversiva dei linguaggi e dei comportamenti aveva abbandonato le edizioni numerate, le gallerie d'arte, le cineteche e si era fatta strada attraverso la musica dei Beatles, le immagini psichedeliche di *Yellow Submarine*, le canzoni di Jannacci, i dialoghi di Cochi e Renato; John Cage e Stockhausen erano filtrati attraverso la fusione di rock e musica indiana, i muri della città assomigliavano sempre più a un quadro di Cy Twombly [...]. Ci sono ormai più analogie tra il testo di un cantautore e Céline, tra una discussione in un'assemblea di emarginati e un dramma di Beckett, che non tra Beckett e Céline, da un lato, e uno di quegli eventi artistici o teatrali che *L'Espresso* registra nella rubrica "Che c'è di nuovo". Il dato più interessante è che questo linguaggio del soggetto diviso, questa proliferazione di messaggi apparentemente senza codice, vengono capiti e praticati alla perfezione da gruppi sino ad oggi estranei alla cultura alta, che non hanno letto né Céline né Apollinaire, che sono arrivati alla parola attraverso la musica, il dazibao, la festa, il concerto pop. Mentre quella cultura alta che capiva benissimo il linguaggio del soggetto diviso quando era parlato in laboratorio, non lo capisce più quando lo ritrova parlato dalla massa. In altre parole l'uomo di cultura prendeva in giro il borghese che al museo, di fronte a una donna con tre occhi o a un graffito senza forma, diceva 'non capisco cosa rappresenta'.

"Ora lo stesso uomo di cultura è di fronte a una generazione che si esprime elaborando donne con tre occhi e graffiti senza forma, e dice 'non capisco cosa vogliono dire'. Ciò che gli pareva accettabile come utopia astratta, proposta di laboratorio, gli appare inaccettabile quando si presenta in carne e ossa".

Segue, nello stesso numero de *L'Espresso*, un'intervista a Julia Kristeva, da cui qui di seguito alcuni passi:

"*L'Espresso*: L'articolo di Eco pone in rapporto il linguaggio delle nuove generazioni con quello delle avanguardie storiche. Altri però parlano di diciannovismo, di irrazionalismo, di neo-futurismo. D'altra parte alcuni dei grandi maestri dell'avanguardia storica, Pound, Céline, Marinetti, hanno realizzato un ambiguo connubio tra rivoluzione artistica e reazione politica. Le esperienze della prima metà del secolo possono aiutarci per capire la situazione d'oggi? *Kristeva*: I discorsi delle avanguardie artistiche sono stati i soli veri discorsi antifascisti con conoscenza (inconscia) di causa. *L'Espresso*: Ma allora perché Céline o Pound si sono legati al fascismo? *Kristeva*: Perché quando si arriva alla dissoluzione di ogni punto di riferimento (famiglia, dio, arte eccetera) nasce il bisogno di un ordine, di un padre nel quale riconoscersi. Se si scatena l'angoscia, la libido, la crisi, nasce anche il tentativo di investirle in una Istituzione, un Ordine, un Partito. *L'Espresso*: Possiamo allora dire [...] che oggi Céline si sarebbe buttato nella contestazione extraparlamentare o avrebbe preso la via del Pakistan verso la droga? Che Pound avrebbe tradotto la sua polemica anti-capitalista contro il denaro e l'usura in termini più o meno maoisti? *Kristeva*: Chi può dirlo? Quello che so è che il loro discorso è l'unico che continua a interessare i figli del '68, della pornografia, delle bombe atomiche. *L'Espresso*: E i mezzi di massa? *Kristeva*: Di qui inizia la necessità di comprendere il fenomeno in tutti i suoi pro e contro. Per esempio, è stato sino ad oggi luogo comune della sociologia di sinistra dire che i mass media hanno ricuperato e mercificato l'avanguardia. Certo, il World Trade Center incorpora e recupera Mondrian e Albers, a volerveli trovare. Ma questo fenomeno (senza precedenti) è stato anche un potente antidoto contro il totalitarismo. Diciamo che il Congresso americano avrà meno possibilità di diventare fascista, rispetto alla tribuna del congresso del partito comunista sovietico, sino a che ci sarà Broadway, i Bottom's Line Jazz and Rock Singers e persino Mary Hartman. Essi assimilano i fulgori di Eliogabalo e lo stupro delle abitudini mentali ne *Il teatro e il suo doppio* (Artaud) o la danza orientale di Sosthène (penso al Céline di *Le pont de Londres*) e li adattano a milioni di persone [...]. I mass media fanno da valvola di sicurezza alle angosce, alla libido, alla crisi, e non permettono che vengano investite in una nuova istituzione totalitaria. Sono il solo modo di tener testa al fascismo latente perché esso non si realizzi nella sua forma repressiva. *L'Espresso*: Lei sta dicendo che i partiti istituzionali della sinistra sono il fascismo, e la televisione o il music hall sono la sola forma di antifascismo. *Kristeva*: Stavamo radiografando delle tendenze".

Torna sull'argomento Umberto Eco in *L'Espresso* del 1° maggio con spunti più polemici e in un interessante confronto con Alberto Asor Rosa: "Quello che vorrei capire è il filo che lega l'esplodere in atto di comportamenti volutamente "devianti" nelle profezie della devianza pronunciate da più di un secolo da filosofi ed artisti. Credo che ci siano ragioni storiche per cui la saldatura si è verificata proprio ora. Vanno indagate. Credo che la saldatura non sia necessariamente un evento positivo e il passaggio dal modello "colto" alla pratica di massa (giovanile) contenga in sé pericolosi germi di autodistruzione [...]. Bifo mi accusa di non aver citato abbastanza Majakovskij [...] Majakovskij senza Lenin sarebbe ricordato oggi come uno dei tanti poeti dei circoli moscoviti [...]. Può l'enunciazione della rivoluzione diventare rivoluzione? No, dico io. Sì, dice Bifo. Il quale dunque crede nelle potenze del linguaggio, sia pure esso gesto. Ma se così fosse il caso Bifo non mi interesserebbe. Se mi interessa è perché alle sue enunciazioni abbondantemente culturali fa riscontro la pratica di una certa massa giovanile, che magari non ha mai letto Bifo, né i testi del collettivo A/traverso. E con questo veniamo alle radici culturali delle teorie che il collettivo A/traverso fa proprie e che sono mutuate, oltre che da un marxismo ripensato, anche da un trapianto delle schizo-analisi di Deleuze e Guattari e della teoria del desiderio [...]. Non nego che l'ideologia del desiderio esprima l'utopia di una convivenza diversa: ma non dice nulla sui passi strategici onde fondarla. Nemmeno l'avanguardia storica, predicando la sregolatezza, l'esercizio della deviazione, i diritti del sogno e della scrittura in libertà, si poneva questo problema. Ma poteva farlo perché costruiva solo modelli "di laboratorio" dell'eversione. Nel momento in cui (Bifo Io dice) le potenzialità della scrittura dell'avanguardia diventano il linguaggio quotidiano di un soggetto pratico, massiccio, questo problema rinasce". Lo scritto del Berardi cui Eco si riferisce (*Soggetto collettivo che scrive*) è in *A/traverso* del marzo-aprile.

Asor Rosa: "Abbiamo tutti imparato (non ancora tutti, a pensarci bene) che Nietzsche non è la causa del nazismo e che i futuristi in Italia non hanno, essi, provocato il fascismo. Cerchiamo, allora, di applicare questa formula in tutta la sua estensività, e quindi rovesciandone anche la direzione [...]. I giovani del '77 mica è tanto vero, secondo me, che sparino perché hanno nella testa le teorie proto-dadaiste di Franco Berardi detto Bifo. Secondo me hanno nella testa una politica, sia pure confusa [...]. Quello che io rimprovero ad Eco [...] è di pensare ancora una volta, molto illuministicamente, che la cultura venga prima della politica".

L'analisi si arricchisce così di passaggi o si complica di apparenti incongruenze: il linguaggio sarebbe sì quello dell'avanguardia, ma filtrato attraverso i mass-media. Bifo però entra nel merito, predilige Majakovskij, oltre a Deleuze e Guattari di cui è seguace. Dov'è allora, nel caso di Bifo almeno (ammesso che il caso si possa isolare), la tramitazione dei mass-media, a meno che per mass-media non s'intendano anche i libri? Infatti, c'è mass-medium che si limita a diffondere e far conoscere il fenomeno nella sua integralità, senza riciclarlo o diluirlo in formule radicalmente divulgative o variamente massificanti (qualsiasi libro "d'autore" dunque, anche se a grande tiratura, oppure *L'Arte moderna* dei Fratelli Fabbri; o un telefilm su Picasso), c'è mass-medium che lo assimila e lo fa rifluire in forme orecchiabili, come appunto negli esempi fatti da Eco e dalla Kristeva. Infine: possiamo mettere sullo stesso piano "qualcosa di un cantautore qualsiasi" aprendo "a caso la radio", e i comportamenti e linguaggi specifici del "movimento"? Tutta avanguardia variamente reincarnata? E che s'intende per avanguardia, questo Bifo è dadaista, majakovskiano o teorico della schizo-analisi, quali rapporti intercorrono ad esempio tra questi tre punti?

Quanto al rilievo di Asor Rosa, lo si potrebbe intanto neutralizzare con l'ovvia considerazione che una cultura può e deve essere *constatata* (indagata) in tutta la propria ampiezza a prescindere dai suoi improbabili rapporti di priorità con un reale di cui tuttavia fa parte, e quindi poi di più probabile contemporaneità (come credo pensiamo tutti: Asor Rosa, ma anche Eco e persino Bifo) con l'azione e il pensiero specificamente politici.

Senonché la formulazione di Asor Rosa proietta un interrogativo, con cui è impossibile non fare i conti: qual è il rapporto non tanto di tempi, quanto di interna necessità, di questa cultura, di questo linguaggio, con la linea politica perseguita, perché questo linguaggio "di avanguardia" che evidentemente non genera l'azione violenta, però le è consustanziale, ha incontrato un tale tipo o tali diversi tipi di divulgazione? Quando, come e perché tutto questo è accaduto? La TV non divulga anche e soprattutto Mike Bongiorno e Zeffirelli? E quali sono le evoluzioni e trasformazioni, rispetto al ceppo dell'avanguardia, di quale natura? E quale avanguardia, vicina o lontana?

Una prima domanda rimbalza necessariamente sull'avanguardia stessa: all'essenza in ultima analisi coerente ed unitaria di un cui filone sembra necessario rifarsi, a costo di qualche abbreviazione schematica.

Alludo in particolare alle avanguardie che, sbozzando molto sommariamente, ho chiamato in altra occasione del *disordine*, ovvero della devianza e della trasgressione o ribellione, in contrapposto a quelle dell'*ordine* (incanalamento) o della "razionalità" che s'incentrano nell'astrattismo e nel razionalismo: avanguardie (apparentemente) "inapplicabili" a confronto delle avanguardie "applicabili" e "applicate" che fanno centro nel Bauhaus.

È il filone del dadaismo e del surrealismo, con tutte le filiazioni neo-avanguardistiche, dove il futurismo si pone come precedente particolarmente interessante proprio perché di più scoperta ambiguità ideologica e anche perché venato di maggiori interferenze o compromissioni (come poi certe neo-avanguardie) con l'altro filone parallelo — dell'ordine o dell'applicazione.

Il punto di snodo o di incrocio è, senza dubbio, il surrealismo: snodo ed incrocio di *precedenti* storici, che sono ideologie e comportamenti di pertinenza non soltanto artistico-letteraria (non solo Rimbaud o Lautréamont o la figurazione fantastica, il futurismo e il dadaismo), ma anche speculativa e di pensiero enunciato, almeno Nietzsche, Freud, Marx, Bakunin. Snodo poi ed incrocio di *sviluppi* ed implicazioni non solo artistico-letterari (dal New-Dada alla Body Art o al teatro di Bob Wilson), ma anche di pensiero enunciato: da Foucault ai teorici del desiderio e della schizo-analisi.

Ma tra precedenti e sviluppi di pensiero c'è da porre una differenza che non è soltanto di stadio culturale, bensì di diverso rapporto strutturale con le avanguardie. Mentre i precedenti restano, come tali, distaccati e relativamente a sé stanti, gli sviluppi di pensiero enunciato risultano *non più separabili* dalla logica e dal corpo dell'avanguardia e delle sue esperienze artistico-letterarie o comportamentali, grazie proprio alla premessa o radice surrealista (per quanto negata o rinnegata), che aveva riportato l'attività artistico-letteraria ad una finalità extra-estetica facendo passare attraverso se stessa il pensiero (trasgressivo): finalità dunque non più separatamente estetica o speculativa, ma unitariamente di trasgressione (in primo luogo dell'estetico e dello speculativo) affidata al segno e alla "scrittura". Avanguardia diventa, dopo il surrealismo, scrittura trasgressiva a livello di arte (o "anti-arte") come di pensiero (ovviamente anti-sistematico e anti-filosofico).

Dunque questi (gli sviluppi di pensiero enunciato) risultano ben più organici al surrealismo e all'avanguardia, che non i precedenti, ovvero le premesse di pensiero. Freud non si riconobbe nel surrealismo valutando l'inconscio e il desiderio quali impulsi non da esaltare ma da conoscere, sostanzialmente per incanalarli, se non comprimerli e "riordinarli"; Deleuze e Guattari introducono *L'anti-Edipo* con un capitolo su "le macchine desideranti" che non ignora anzi analizza e parafrasa le cosiddette "macchine celibi" di Michel Carrouges (Duchamp, Kafka, Roussel, Jarry, Poe: un repertorio pre- e proto-surrealista, in cui poi si innesta Artaud). Anche a livello di pensiero enunciato la scrittura trasgressiva assume quei connotati "figurativi" (i pochi che, fisicamente, può) che poi l'avanguardia artistico-letteraria esaspera espressivamente: vedi l'uso della sbarra, della lineetta e delle parole frazionate, segni della 'disgregazione', della 'differenza' e della compresenza conflittuale-contraddittoria dei sensi, o illuminante la trasgressione, che ritroviamo, per rinviare ad un esempio di questa raccolta, in uno sperimentatore segnico-visuale come Patella (gli slogan come "id e azione", "di mostra azione" ecc.), ma anche, e in forme strettamente analoghe, nei ciclostili e nella stampa del "movimento" ("giustific azioni le azioni giustificano se stesse passamontagna e/o lustrini cospirazione e/o respirazione i di versi a Firenze la manifesta azione è autorizzata da noi che ci auto rizziamo in piedi senza autorizzazioni": dal citato *A/traverso* del marzo-aprile); fino alla scrittura che insieme esprime e teorizza la dis-aggregazione, del linguaggio, cioè, e del nucleo sociale: "Dis/aggregarsi è ora [...] deliri sbraga-disgreganti IOAO! (da *OASK?!*, supplemento al numero 74 del 5 aprile 1977 di *Lotta Continua*, stampa tipografia 15 giugno).

Che questa scrittura trasgressiva e dis/aggregante, come pure quella sperimentale di Patella, comunichi direttamente con i precedenti e i livelli della scrittura automatica ed onirica dada-surrealista, ed anche delle "parole in libertà" futuriste, è cosa palmare e confermabile, come vedremo, attraverso altri testi del "movimento".

Quanto a Marx, neanch'egli, ovviamente, si sarebbe riconosciuto nel surrealismo, come non vi si riconobbe il Pcf, e tutto il comunismo storico. Il marxismo sembra in realtà l'assunzione più ideologicamente strumentale di questo filone dell'avanguardia, che del marxismo assume la valenza astrattamente utopica o genericamente ricollegabile non tanto alle istanze specifiche del proletariato, quanto alla denuncia dell'alienazione, dell'emarginazione, della repressione e dell'autoritarismo.

L'esito della "nuova filosofia" (esito salutato da Foucault e solidale con Guattari più di quanto Guattari stesso non ami riconoscere) è sintomatico di un rigetto fatale e in qualche modo chiarificatore, il rigetto del marxismo. Oltre che di un principio di involuzione o re-involuzione corporativa (recupero e rivendicazione dello specifico del "pensatore", la filosofia).

La miscela esplosiva Marx-Freud è stata inventata o rilanciata dal surrealismo, da Breton; ma a differenza della cultura weimariana, di Reich o anche di Marcuse e più in generale del freudo-marxismo esente da implicazioni surrealistiche, semmai d'accento comunitario e umanitario alla Fromm, qui Marx e Freud vengono fatti convergere *puramente in negativo*, nella prospettiva dilazionante-impaziente e soggettivistica del "sogno", nel sopra-umano (super-omismo?, sur-realtà) o nel sub-umano piuttosto che nell'umano. Comunque una miscela *negativa*, utile cioè alla negazione del repressivo e dell'emarginante, e ad affermare la riassimilazione del politico al personale-privato-soggettivo, ma non offrendo, almeno a breve scadenza, che due tipi di esiti: da un lato indiscriminatamente distruttivo (fino al sintomatico gesto surrealista di sparare "a caso"), dall'altro pericolosamente concedente al consumismo come escalation del desiderio, dai bisogni primari ai più superflui ed estetizzanti. Senza che questa pura negatività, e l'assenza di esiti immediatamente accettabili, possa tuttavia costituire un titolo di condanna, restando evidente la funzione provocatrice e dialettica, dell'ideologia trasgressiva.

Dunque tutto questo fascio di tendenzialità, non solo artistico-letterarie ma anche di pensiero enunciato, può costituire l'unitario filone delle avanguardie "inapplicabili" che si contrappone sostanzialmente, non tanto e non solo, in un confronto interno, a quello delle avanguardie "applicabili" e utilitarie (riassorbite con esiti indolori — vedi Gropius — nella macchina borghese e capitalista), quanto, in un confronto più largo ed eterogeneo, agli indirizzi storici del marxismo e del movimento operaio: costituendo accanto ad essi, perché in opposizione dialettica con essi, un'altra grande forza trainante dei mutamenti politico-comportamentali in atto nel ventesimo secolo. E non solo per canalizzazioni indirette; ma riuscendo ad arruolare, al seguito di un drappello dapprima sparuto di intellettuali, un esercito improvvisamente ingrossato di emarginati e di "desideranti". Nella composizione di questo esercito è forse la risposta al perché, non solo della "massificazione" del linguaggio trasgressivo-avanguardistico, ma anche, probabilmente, delle sue origini e di alcune delle sue motivazioni.

Ma qui, messa infine in dubbio con la profondità della componente marxista ogni legittimità di una discriminazione in forza di essa tra avanguardia e avanguardia, quale si era protratta ed acuita nel Sessantotto, ovvero nell'ambiente del nuovo connubio tra marxismo ed estetica della contestazione, torna ad emergere nella sua sintomaticità e importanza anche il precedente futurista: fino ad allora eliminato per intolleranza ideologica dalle ricostruzioni storiche dei percorsi "validi" e portanti dell'avanguardia, malgrado l'evidenza dei nessi e precedenti tecnico-linguistici nei temi del "subconscio", della follia, dell'arte-azione, della scrittura automatica ecc.

Tipica, ancora, la domanda de *L'Espresso*: "L'articolo di Eco pone in rapporto il linguaggio delle nuove generazioni con quello delle avanguardie storiche. Altri però parlano di diciannovismo, di irrazionalismo, di neo-futurismo". Come se il futurismo non sia assimilabile alle avanguardie storiche, e solo al diciannovismo. (Ma del tutto ulteriori, fino allo sconcertante, sono le risposte giustificative della Kristeva, benché si limiti a Céline e Pound: noto e dichiarato, d'altronde, ammiratore di Marinetti.)

Seguendo invece una pista filologica di studio, nel proporre un legame non necessariamente consapevole tra la cultura delle avanguardie e quella del Sessantotto mi sembrò di dover prendere in considerazione, oltre al repertorio dada-surrealista, anche quello futurista (l'occasione era del resto un saggio sul futurismo): più inquinato ma per certi aspetti anche più rivelatore, ripeto, di talune componenti e così di talune insidie.

Contemporaneamente, altri (A. Willener, *The Action-Image of Society*, London 1970) ha con maggiore sistematicità indagato l'influenza del surrealismo sull'ideologia del Sessantotto, altri ancora ha voluto cogliere una discussa incidenza, sul Sessantotto, delle pratiche del gruppo '63, incidenza certo inattendibile se intesa come causa o concausa generante, e comunque insostenibile senza riportare l'episodio del gruppo '63 all'esteso e complesso tracciato dell'esperienza avanguardistica.

Il tracciato non dovrà, d'altronde, limitarsi al surrealismo e ai precedenti storici, ma essere valutato anche nei prolungamenti cui accennavo, artistico-letterari e di enunciazione di pensiero. È infatti proprio e solo nel corso storico di questi prolungamenti, dall'inizio degli anni Sessanta e in coincidenza con il neo-dada e la pop art (cioè delle avanguardie affacciantisi sui mass-media), che si possono cogliere i primi segni di un'estensione alla massa giovanile di certi comportamenti pre-contestativi e comunicanti con le ideologie avanguardistiche: come, più tipico di ogni altro, l'hippysmo. Ad essi fanno cenno, qua e là, anche gli scritti di questa raccolta, che poi in qualche caso sono essi stessi documenti dell'aspirazione ad un allargamento e ad un ricongiungimento delle ricerche neo-avanguardistiche verso strati di partecipazione più corale, nei temi del "primario" e dello stesso *environment* e delle varie proposte di "sconfinamento", di per sé espressive di un momento di espansione (per quanto metaforico, ma poi non soltanto).

Ma a mano a mano che l'espansione e la rispondenza, e dunque in qualche modo l'incidenza, sono verificate, nella modifica del comportamento giovanile; e soprattutto quando, con il Sessantotto, questa espansione si trova riconfusa nella confluenza con altre componenti politico-culturali e bruscamente 'spostata' e 'sottratta' verso ipotesi e fatti ben più clamorosi e attuali, e in domíni ormai sfuggenti ad un rapporto operativo e di guida, ecco che l'ulteriore ricerca del neo-avanguardismo artistico e letterario viene ad essere improvvisamente spiazzata: esautorata o in parte respinta in un narcisismo involutivo per cui, paradossalmente, al processo di massificazione dell'avanguardia (da intendersi ormai appunto come "avanguardia di massa", nelle sue più diverse e dispersive convergenze e fuori dello specifico artistico-letterario) fa riscontro in parte un processo di ritirata delle ricerche specifiche entro nuovi spazi ermetici e di ardua codificazione concettuale, o in rituali altrettanto codificati. Tra *La Cina* di Ceroli (1966) o le proiezioni di Schifano e di Patella o gli specchi di Pistoletto o i "mari" di Pascali (1966-67) o l'icastico fuoco di Kounellis o l'ottimistica, coinvolgente concertazione della mostra degli "elementi" (per limitarci alla cronaca italiana; ma per quella americana basti pensare, in tutt'altra chiave, di cinica indulgenza al consumo giovanile, ai locali gestiti da Warhol, oltre che ai suoi film); tra tutto questo e le emergenze proto-concettuali e minimali, che cominciano ad essere registrate proprio nell'anno 1968, o gli sviluppi stessi dell'arte povera (che alla fine del '67 eredita quasi in blocco la situazione romana innestandola ai nuovi fermenti di Torino e di Milano, e investendosi di motivazioni ideologiche al passo con la sopravvenuta contestazione; ma, subito, poi, tende a indirizzarsi verso il mentalismo e a ricollegarsi al minimalismo americano); tra l'una e l'altra metà, dunque, delle pur continuative esperienze di cui questa raccolta è una parziale testimonianza critica, cala la mannaia del Sessantotto. Essa riduce un boccascena ad un separé; e il separé sembra farsi con relativo disappunto dei protagonisti, anzi in contraddizione con gli assunti ideologizzanti e moralistici, quasi soltanto teatro della crescita del mercato (come ripercussione in parte tardiva di quel tangibile allargamento di interessi: il boom del mercato dell'avanguardia è proprio dal 1969 al 1973) e poi del suo ritiro, come ripercussione di quel restringimento: ma anche dell'azione corrosiva veicolata dai nuovi linguaggi all'interno stesso del sistema mercantile.

Infatti in coincidenza con il Sessantotto (in sintonia con esso ma più che altro in dipendenza) il processo già largamente in atto di sconfinamento dell'opera nell'esperienza, nell'*environment* e nello spettacolo, nel "comportamento" o nell'azione, e poi nella corporeità, acquista coscienza critica o meglio ideologica (e necessariamente contraddittoria) dei propri riflessi rivoluzionanti sulla compra-vendita dell'oggetto artistico: oggetto ormai vanificato, e però rimpiazzato con surrogati fotografici o variamente documentari, o prodotti 'complementari' come il disegno o il 'progetto'.

Mi venne fatto, a quel momento, di avvertire un riscontro tra il mentalismo e il rigore del dettato proto-concettuale, che rifiutava la euforia neo-dada o pop, e l'intransigenza ed il settarismo ideologici delle nuove leve studentesche, e c'era forse una rigida rispondenza di clima, nel modello stesso, anomalmente collettivizzante, dei "gruppi" di fruizione. Ma in realtà erano le prime avvisaglie, per un'avanguardia ormai condannata al proprio mito, di un (impossibile) tentativo di riemersione elitaria, di un conato quasi idealizzante di recupero - in essenzialismi e rarefazioni della ricerca - della funzione e mansione specifica dell'artista; nonché, strettamente connessa, della continuità produttiva (dunque anche mercantile) dell'oggetto 'compiuto', per quanto rarefatto o minimale.

Questo mentalismo era d'altra parte, ormai, una dimensione pressoché obbligante, che poteva e può avere esiti interessanti nei ripiegamenti, pur sempre creativi, dell'atto artistico nel momento critico.

Ma è solo sull'altro versante, quello dello sconfinamento fisico ed extra-oggettuale, che si possono cogliere dopo il Sessantotto le interferenze, le sincronie e i tallonamenti tra la nuova "avanguardia di massa" e la pur ridimensionata ma ancora, qualche volta, anticipante avanguardia istituzionale. Avendo questa, infatti, perduto l'oggetto ed esaltato il soggetto, e trasferito dal primo al secondo (ai suoi desideri) le polarità e potenzialità della protesta e del consumo, si è trovata allineata ormai concretamente ai movimenti giovanili, in un rapporto di scavalcamento delle istanze più rigorose del Sessantotto, verso la spettacolarità del Settantasette e le sue proposte di rovesciamento: dell'oggetto nel soggetto, ovvero anche dell'oggetto politico-sociale nel personale, dell'emarginazione nell'esibizionismo e della "disoccupazione" nella festa o in un utopico e generalizzato 'tempo libero'.

Ecco allora il "comportamento", la "body art"; ecco ad esempio le singolari convergenze, già rilevate da Flavio Caroli, tra il masochismo body-artistico di Gina Pane o di Marina Abramovic (tagliuzzamenti e abrasioni del proprio corpo) e le pratiche nichilistiche ed esibizioniste dei *punk rockers*, che analogamente si trafiggono e si tagliuzzano e che poi, nel tingersi i capelli e la faccia di rosso o di verde, riesumano la violenza cromatica di espressionisti e futuristi ("tingersi il décolleté, le braccia, e specialmente i capelli, di tutti i colori... capelli verdi, braccia violette": Manifesto del Teatro di Varietà, 1913); ecco ancora le strette interferenze - fino quasi all'identità - tra le avanguardie dei pittori muralisti e "animatori", che sommergono di scritte, arcobaleni e figurazioni colorate le mura dei paesi e delle città, e le stesse pratiche ad opera degli studenti del Sessantotto e del Settantasette, specialmente a Bologna, avendo gli uni e gli altri alle spalle i muralisti dell'America latina e soprattutto i futuristi russi ("La *libera parola* della personalità creatrice venga scritta sulle cantonate dei palazzi, agli incroci degli steccati, dei tetti, delle vie delle nostre città e dei nostri villaggi, sui dorsi delle automobili, delle carrozze, dei tram e degli abiti di tutti i cittadini [...]. Come radiosi arcobaleni, da un edificio all'altro, nelle vie e nelle piazze, si stendano quadri colorati che rallegrino e nobilitino l'occhio. Pittori e scultori devono prendere subito vasetti con dentro i colori e i pennelli della loro arte per creare, per dipingere tutti i fianchi, le fronti, i petti delle città, delle stazioni e degli stormi dei vagoni ferroviari in corsa perenne": Majakovskij, Kamenskij, Burliuk, *Decreto n. 1 sulla democratizzazione delle arti*, 1918); ed ecco infine l'avvicinamento dell'avanguardia figurativa alla condizione, ancora invece largamente vitale, del teatro (e molti apporti concreti, per la verità, al suo ricambio iconografico ed immaginario: e persino del cinema).

Il gioco è tanto aperto che sembra ormai definitivamente chiuso: se la sua logica era lo sconfinamento, fin troppo raggiunto. E se i rovesciamenti contraddittori rischiano ormai di verificarsi nel rovesciamento dell'intera società, quale ruolo - a questo punto - spetta ai 'tecnici' dell'immaginario? Possono essi concorrere al suo eventuale ricambio o questo è destinato ad essere promosso da altre forze? Nel qual caso la operazione dei 'tecnici' assumerebbe una fisionomia più che altro conservativa e di tramando, o una funzione ormai comunque solo sommessamente dialettica: ma forse, ugualmente, di primaria importanza. Cosa infatti resta da 'immaginare'? Il futuro, certo, e non il passato; ma ancora e solo il futuro come 'tempo libero' o non invece come 'lavoro', al modo stesso che gli artisti del passato immaginavano (e quindi trasformavano) sempre e soltanto il proprio 'lavoro' e non la propria disoccupazione? Ma è vero che lavoro avevano, e non disoccupazione. Tutto dipende quindi dal lavoro (dal tipo di lavoro) che sarà offerto agli artisti, proprio come a tutti gli altri rappresentanti dell'emarginazione e della disoccupazione, eletta e dorata, o meno, intellettuale o meno? O i tecnici dell'immaginario sono destinati addirittura a scomparire, per moltiplicarsi e riprodursi nella soggettività creativa dei singoli, ridimensionando capacità e modalità tecniche e inventive? È questa, non a caso, un'ipotesi che potrebbe prendere la mosse da Marx, da un fautore, cioè, della nuova civiltà industriale, di cui progettò di riorganizzare i rapporti di produzione, identificando la produzione con il sociale e, probabilmente, l'improduttività con il soggettivo. Ma se l'arte continua a rischiare l'improduttività, il suo binario a qualsiasi livello correrà pur sempre tra la protesta e il parassitismo consumistico, tra la disoccupazione e il tempo libero.

Riportando ora il discorso ai fatti, resta da esaminare la tesi del già citato *Indiani in città*, che, pur incorrendo qua e là in toni un po' ingenuamente celebrativi, si impegna in analisi di studio, e secondo cui una verifica degli elementi linguistici del "movimento" smentirebbe nell'ultima sostanza l'ipotesi di una reale influenza o ricorrenza delle avanguardie storiche.

Emanuela Martini allinea in particolare scritte murali universitarie (sul cui esame il libro si fonda, tralasciando buona parte della stampa del "movimento") accanto a stralci di manifesti e letteratura soprattutto futurista, da "vivre sa vie" (esclamazione di Bonnot assunta da Marinetti) al boccioniano "noi porremo lo spettatore nel centro del quadro", per concludere che:

"A parte il *Vivre sa vie*, che potrebbe essere una citazione testuale da Marinetti (ma esiste anche un film di Godard del 1962 che si intitola proprio così), più che di fronte a citazioni, ci troviamo di fronte ad un utilizzo del colore, della grafica, del rumore, dell'impaginazione per quanto riguarda giornale e manifesti, dello spazio e dell'oggetto per quanto riguarda la rappresentazione, che apparenta vagamente (= non metodicamente) e caoticamente questa esperienza di scrittura sui muri e recita urbana al futu-surreo-dadaismo [...]. Seppure in termini ancora caotici e contraddittori, la nuova pratica comunicativa scoppiata in Italia nel 1977, che si propone di usare tutti gli strumenti, i colori, le forme, gli oggetti, le suggestioni, gli stati d'animo e, quel che più importa, spontaneamente da parte di tutti, potrebbe essere la risposta, a decenni di distanza, ad indicazioni ed atti di fede come questi".

Il paragone tuttavia sarebbe forzato, in quanto "carente di riferimenti intermedi", dove l'autrice allude alla "mediazione underground". "L'*underground* a lungo misconosciuto non viene oggi ravvisato come reale ed immediata matrice culturale del nuovo linguaggio e della nuova espressività. È ben vero che "dadaismo, surrealismo e futurismo sono i grandi padri spirituali della cultura *underground*, e a più riprese ne influenzarono le esperienze e gli esperimenti, una volta tradotto il loro linguaggio polemico e distruttore nella realtà elettronico-psichedelica dell'oggi". Ma è "solo facendo riferimento all'underground senza né gridare al miracolo dell'acculturazione né disprezzare i più banali stimoli mass-culturali, che si riesce a ricomporre e a far connettere i pezzi spesso apparentemente contraddittori del caotico mosaico culturale che caratterizza questo movimento: la politica e la droga, l'individualismo e la spinta comunitaria, l'avanguardismo culturale, il cinema, il carosello e l'ironia".

Ritengo che, se di una "mediazione" occorre tener conto, questa è da ravvisare in primo luogo nella cultura del '68 ("Vivre sa vie", la frase di Bonnot, non discende in linea diretta né da Marinetti né da Godard, ma dalle mura della Sorbona, dove troviamo: "Vive Bonnot", "Nous voulons vivre", "Vivre sans temps mort", "Plutôt la vie", "Prends la vie", "Laissez nous-vivre", ecc.: vedi W. Lewino, *L'imagination au pouvoir*, Paris 1968). Ma a parte ciò le indicazioni sembrano in gran parte precise e da tener presenti, anche se quasi ovvie, e dal punto di vista della polemica forse contraddittorie. Ma da un lato esse rischiano di riproporre una ormai manieristica distinzione tra cultura elitaria e cultura di massa (proprio là dove le esperienze tendevano al valicamento di questo confine, allo "sconfinamento" *underground* per l'appunto, anche letteralmente, e basti pensare alla galleria romana L'Attico trasferitasi in un garage, o alla mostra "Contemporanea" nel parcheggio sotterraneo di Villa Borghese; né si potrebbe contrapporre lo Happening o il Living alla cultura *underground*). E dall'altro, non proprio tentano di dipanare il 'guazzabuglio', ma lo ripropongono, accomunando ancora in un culto quasi deterministico dei mass-media per i mass-media la canzonetta qualsiasi con la filosofia degli *hippies*, come se il mondo della cultura giovanile e di massa non fosse attraversato da differenze socio-politiche e comportamentali.

Dicevo poi ovvie almeno per chi, come lo scrivente (con cui l'autrice dialoga), crede proprio di averle anticipate, tra l'altro nell'introduzione del '71 alla riedizione de *Le due avanguardie* e in vari passi di questa raccolta. Benché non mi sia mai occupato specificamente e specialisticamente - né avrei saputo - dell'*underground* e dell'hippysmo, la tesi di fondo de *Le due avanguardie* e, di seguito, di questa raccolta è proprio quella di una continuità tra la prima (avanguardie storiche) e la seconda avanguardia (neo-avanguardie), con la ribadita differenza che, mentre la prima puntò, fallendo, ad una diretta alleanza con la rivoluzione, cioè ad una incidenza anche direttamente politica nel sociale, la seconda ha per così dire ridimensionato, e tuttavia raggiunto, i propri obbiettivi: puntando, più che sull'esemplarità programmatica, sul 'contagio' degli atteggiamenti e dei comportamenti, in un cercato e trovato contatto con i mass-media nel frattempo esplosi e diffusi, e incontrando così una precisa risposta di massa.

Come non avvertire, allora, che il Sessantotto, con il risentito innesto di un'ideologia politico-rivoluzionaria, si riallaccia nella sua ambizione al disegno della prima avanguardia; ovvero cerca e trova nella cultura di questa un tramite addirittura palmare tra intenzionalità o preparazione politica (condotta su testi ed esperienze politiche) e nuovi atteggiamenti di vita e di costume?

Il Settantasette, certo, 'regredisce' in un compromesso più confuso ma forse meno ideologico e, al più nitido parallelismo del Sessantotto, sostituisce una contaminazione e una promiscuità più ondeggiante e caotica tra temi politici e temi esistenziali, tra responsabilità, anche, ed irresponsabilità, consumo ed anti-consumo, 'qualità' di vita ed estetismo, avvicinandosi di più alla condizione culturale delle neo-avanguardie nei loro coinvolgimenti o filiazioni di massa, intorno alla confluenza di pop art e *underground*. Lo stesso recupero del fumetto (*OASK?!*), che è culturale e non spontaneistico come vorrebbe apparire, è oggettivamente "dopo" la pop art, e certo infantilismo fiabesco dopo le poetiche del primario.

Ciò non toglie che sia avvertibile il riaffiorare, nel magma, di motivi direttamente riconducibili al ceppo culturale della prima avanguardia; come altresì agli ulteriori sviluppi del pensiero trasgressivo, cioè a quelle enunciazioni che crediamo di poter leggere come scioglimenti del nodo surrealista (fino a Guattari, per l'appunto). Con ciò non si vuole operare una separazione - tanto meno in base a criteri 'elitari' - nel corpo di questa cultura, ma semplicemente individuare delle componenti; né pretendere che si tratti di "citazioni", ma più verosimilmente di ricorsi dovuti sia ad analogie eziologiche, sia ad una condizione culturale tutt'altro che sottosviluppata.

E qui, certo, dobbiamo anche chiederci che cosa intendiamo quando parliamo di "massa": una massa di giovani, senza dubbio, ma tutt'altro che la totalità; e dentro questa stessa massa dobbiamo distinguere tra gli echeggiatori e i portatori "colti" e consapevoli di ideologemi o slogan avanguardistici.

Non si dimentichi che parliamo di studenti, studenti in prima fila di Lettere e guardacaso, a Bologna, proprio del *Dams* (Discipline delle arti musica spettacolo) e dell'Accademia di Belle Arti; e che, se i leader non ci sono, poi però conta molto Bifo, ossia un pretto intellettuale e con lui altri intellettuali.

Con quale pubblico questi studenti, questi intellettuali si fondono, a quali mediazioni e gradualità si raccordano? Ecco un punto da approfondire, e qui forse emergerebbe che, in un percorso *retro*, dagli apici delle più aggiornate specializzazioni culturali, coincidenti con i più recenti sviluppi dell'avanguardia a livello di enunciazione di pensiero (Bifo seguace di Deleuze-Guattari), non solo si sfumerebbe via via verso l'indistinto dell'*underground*, ma anche si 'retrocederebbe' (nel senso della consecutio temporale e soprattutto della maturazione ideologica) in più o meno consapevoli forme di echeggiamento surrealista e dadaista, fino, proprio, ad un sovente involontario 'futurismo': gradino iniziale e 'grossolano' di quell'elaborazione culturale e ideologica dell'avanguardia che appunto, da un lato l'ha spinta verso le forme del dadaismo e del surrealismo, sino al ferrato e coltissimo pensiero dei saggisti francesi; dall'altro, all'incrocio delle neo-avanguardie, ha prodotto infiltrazioni nella cultura "incolta" della massa giovanile. Data l'identità dei ceppi, e quindi degli ingredienti variamente diluiti, anche qui sarebbe inutile proporre 'separazioni' tra le diverse forme di cultura, che tuttavia restano schematicamente individuabili, come sono ben individuabili nuclei assolutamente culturalistici e persino libreschi.

Se infatti, oltre agli esempi portati a confronto nello scritto che ho appena citato ("Dadams"; "Zut Dada"; "W Mao Dada"; "Musica occupante e sconvolta"; "W il surreo-dadaismo militante"; "Questa scritta è bleu, Questa scritta è nera come il carbone. Carnevalata colorata con i pigmenti"; "Vivre sa vie"; "Le capre quadricefale sottilissime/ nelle zone d'ombra/ con percezioni apparenti pisciano/ sulla società della parola/ e rifiutano il latte/ dimezzato a chi tutto riduce/ PPRRPPRPSZ", ecc.), esempi che pure sono addirittura apodittici, andiamo a cercarne degli altri, emerge un quadro anche più eloquente.

"Il dottor Fausstroll e Alfred Jarry vi invitano ad acquisire maggiore conoscenza della patafisica ovvero della scienza delle cose immaginarie" (da *Indiani in città*) è, se vogliamo, una rivisitazione colta e informata ai retroterra occulti del dadaismo (forse con eco di formule del tipo: "Rrose Selavy et moi esquivons...").

Nel già citato numero di *OASK?!* troviamo: "C'è voglia di approfondire il linguaggio grafico, musicale, gestuale. C'è voglia di ristudiare l'ironia, il falso, l'assurdo e il surreale". *WAM* (supplemento a *Ombre rosse*, n. 20, stampa tipografia 15 giugno) intitola la prima pagina "Zurich 1916 (oh!)", con implicito riferimento al Cabaret Voltaire, e si propone così, probabilmente sotto dettatura di Bifo: "...perché WAM è inconscio, WAM è movimento sur/reale che a/ traversa gli ordini separati di esistenza ricomponendo l'essere nel delirio dell'inconscio. WAM è moltiplicazione delle contraddizioni [...] WAM è eversione perché irriconoscibile ai codici [...] WAM è soggetto, tempo liberato che distrugge l'ordine separato di esistenza. WAM è testo in movimento, scrittura che cessa di muoversi nella separatezza dell'arte. WAM è DADA, WAM è una strega. WAM urla, teorizza, crea, delira, si strugge, distrugge; WAM è simpatia per la liberazione (Bifo, OH!) marginalità, esilio, autonomia, WAM è divenire perfettissimo. Chiamiamo WAM il movimento surreale che ignora i bisogni in quanto pratica di liberazione e moltiplicazione dei Desideri".

In altre affermazioni più dirette e lineari, parrebbe subito innestarsi alla logica "dadaista" quella "futurista" (la risata come arma): "No alla violenza armata ma sì ad una grossa risata" (da *Indiani in città*). Ricordiamo Palazzeschi: "bisogna educare al riso i nostri figli, al riso più smodato, più insolente" (manifesto del *Controdolore*).

Le applicazioni 'creative' di questo dada-surrealismo muovono poi conseguentemente tra scrittura automatica, non-sense e cadavere squisito:

"Forse il ricordo di uno scroscio d'acqua

che si ripeterà (forse?) sarà guardato in silenzio

Ma il centralino dice di no.

Vedi quel paio d'occhiali tra il

pazzo e il sapere?

È sempre piacevole deglutire l'immagine

per le infinite strade che portano a Roma " (*ivi*).

Ma tali stadi linguistici e concettuali oscillano poi tra momenti raffinati, velleitarismi, e facilità goliardica:

"Bidy Body Pdup
Se son fiori fioreranno
Se son alberi albereranno" (*ivi*).

Oppure: "A min Dada"; "Viva Mao da da dams/ notre dams" (*ivi*).
E lo stadio goliardico, anche in quanto gradino retrocesso nelle gerarchie dell'iniziazione culturale, risulta più congeniale, in ultima analisi, alla componente futurista. La quale ricompare attraverso richiami a volte spontanei, a volte culturalistici:

"Siam violenti
siam dementi"
"La distruzione è liberazione".
"La distruzione è gioia creatrice" (*ivi*).

Qui i concetti di follia e distruzione accostano inconsapevolmente più al marinettismo che al dada-surrealismo (Cfr. ad es.: "ESPANDERSI di la gaaa re VITA con DISTRUZIONE!" da *Fontane di distruzione* di F. Cardone, 1916).
Oppure, dove la logica di "Autonomia" incalza più da presso:
"Mitra = situazioni e suoni creativi".
"Essere creativi vuol dire: sentire mille suoni della raffica sparata dal tuo mitra. Vedere i mille colori del sangue dei tuoi nemici" (da *Indiani in città*) (Cfr. ad es.: "Che gioia vedere udire fiutare tutto tutto taratatata delle mitragliatrici", di Marinetti; "sangue sangue sangue rosso vermiglio sangue rubino" da *Trincea* di L. Labozzetta, 1917; o ancora: "mille varietà diverse di sangue rosso roseo scarlatto mellone fuoco occhi di treni melagrano rosso bandiera mestruo di vendemmiatrici rooosssiiisssiiimi rosso-moulin rouge", da *Piedigrotta* di F. Cangiullo, 1916). Ma anche:

"Saremo serpenti micidiali con
voi, bruceremo le
metropoli per scaldarci nelle
notti di luna piena
No siamo potere, non ci prende
rete

Quando penserete di poterci

de/finire, vi sfuggiremo " (da *Indiani in città*).

Qui è presente addirittura un ricordo del manifesto futurista di fondazione, del 1909: l'automobile-follia che non si lascia prendere nelle "enormi reti" dei pescatori-filologi; l'arrivo degli "allegri incendiari" che danno fuoco alle biblioteche e demoliscono "le città venerate"; i futuristi "nell'atto di scaldarsi le mani" nella notte, al fuoco dei loro stessi libri invecchiati. E vedi anche, sempre del 1909, *Uccidiamo il chiaro di luna*: "Temete forse che appicchiamo il fuoco alle vostre catapecchie? [...] Non ancora! [...] Dovremo pur scaldarci nell'inverno prossimo! ...".

Ne abbiamo conferma da questo altro passo, che sembra una contaminazione del manifesto di fondazione del futurismo ("fiutando caninamente [...] il buon odore delle menti in *putrefazione*"; o vedi anche il discorso del 1910 *Contro Venezia passatista*: "vi ostinate ad imputridire senza muovervi [...] Questo stesso *vento* africano *accelererà* [...] la sorda opera") e "onomatopee astratte" di successiva invenzione futurista e dadaista:

"Abbiamo lentamente *sentito* la vostra *decomposizione*
nella translucida follia che guidava i vostri sovietgirotondi
[...] Abbiamo lentamente sentito la vostra
decomposizione e ridacchiando l'abbiamo *accelerata* [...]
IL GIOCO NON CI VA [...] UACCIUARIUARIUA'
ma non ci basta aspettare che il *vento* porti via i vostri
cadaveri [...]
Ci sono ancora non morti che trascinano i loro colori imposti
tra le cristalline foreste mummificate dell'aggregazione [...]
LO SWING È NELLA P. 38 CON ALLEGRIA [...]
SHABADABADA' [...]" (da *OASK?!*, cit.
[I corsivi sono nostri.]

Per il panegirico della rivoltella si veda *Browning* di Bruno Corra (1916): "Si tu violenza detonazione crollosparire via [...] ma via via via [...] funeralerura cadaveletruta ritmunebre putrevermisterio [...] Kryxyulpv [...] via via [...] qui tu cataclismato meccarigidato tascabile qui spaccraniumb liberruzione distraripoltramento qui qui qui REVOLVERISSIMO!"

E sempre dallo stesso numero di *OASK?!*, con rimando allo slogan "via via la nuova polizia": "Ho assaltato l'armeria che calibro come si carica via via la falsa via via la nuova. FLASHcandelotto. FLASHcandelotto. TAPUM? TAPUMsparano. TAPUM TAPUM sparano ma non ti vedo da dietro le teste. Pesa porca miseria pesapesa per correre pesa per scappare. Buttalo stronzo buttalo. Via via la falsa via via la nuova. SQUASC nel Tevere".

L'uso "futurista" di onomatopee costellanti una scrittura fluida e abbreviata, che alterna lunghi fraseggi senza interpunzione a proposizioni brevissime o iterative, è tutt'altro che raro ed include talvolta anche tipiche moltiplicazioni di vocali o consonanti:

"tamtam coifustinideldash girail

fumo ci si caledoscopia in faccia. Ascolto

parlo fumoascoltoparlo fumo ci si alza " (*ivi*).

"contro il progetto ultra-ultra repressivo del ministro di polizia Kossiga... cloppete clappete cloppete ancora tanti applausi ora parla sassssssssi! " (da *Bologna fatti nostri*, Bologna 1977, p. 174).

Il n. 0 di *11 marzo* apre con Dylan Thomas, in uno scritto di F. Berardi dedicato allo studente ucciso a Bologna: "C'è una poesia di un certo Dylan Thomas che dice: "Non andartene docile in quella buona notte [...] infuria, infuria contro il morire della luce"; ma adotta anche, per efficacia comunicativa, moltiplicazioni di vocali: "Processi per direttissimaaaaaa!" E del resto il modello futurista è anche qui reperibile, con altri più recenti, nella prosa abbreviativa e incalzante, "parolibera", impiegata nello stesso foglio per questo resoconto (a parte il puntuale riscontro con l'esclamazione UHUHUHUHUHUHUHUH della *Serata in onore di Yvonne* di F. Cangiullo, in *Lacerba*, 1914):

"L'angoscia del parco Lambro l'espro

prio la fine della politica i porci

con le ali i rurali sull'espresso i p

olli arena la musica povera TAN TA

N TAN

UHHHHHHHHHHHHHHHHHHHHHH... tutta

l'estate riempie

il proletariato giovanile carovana

mobile per le colline le strade le

piazze addormentate dell'umbria mu

sica selvaggia autoriduzione ai su

per mercati autostop fino a raven

na Kocis guida le tribù nomadi a c

apo attacca i campi lager circonda

ti dai fili spinati controllati da

i grigi eskimi rossi la polizia

spara spara fino alla sera i vetri

della questura e della prefettura

in frantumi come i nostri corpi il servizio d'ordine del p c i con l

e catene nelle mani caccia alle

streghe e agli indiani Kocis in

galera gente dispersa piazza maggi

ore e si riempie di facce terrori

zzate Pekos arrestato sull'erba [...]

Il carlino parla di sporkyppy

sporkyppy caricati sulle pantere

e condotti al monte geroglifici

sulla strada jacquerie da milano

bologna roma napoli 21 denunce per

l'autoriduzione del novecento citt

a militarizzate desideri criminali" [ecc.]

Ancora inequivocabili assonanze futuriste: stralciato da un foglio la cui testata dice *Finalmente il cielo è caduto sulla terra: la rivoluzione* (marzo 1977) si legge: "Anche il soffiare del *vento*, un vetro rotto, una frenata brusca, un grido isterico, basterà per scatenare *noi pazzi*, folli, isterici, *ultimi* veri metropolitani". Che è da confrontare con il citato discorso *Contro Venezia passatista*: "Questo stesso *vento* accelererà ad un tratto, in un meriggio infernale, la sorda opera delle acque corrosive che minano la vostra città venerabile. Oh! come balleremo, quel giorno! [...] Saremo tutti *pazzamente* allegri, *noi, gli ultimi studenti ribelli* di questo mondo troppo saggio!" [I corsivi sono nostri.]

In area di "autonomia operaia", invece, l'ideologia "futurista" si qualifica piuttosto per la violenza sottesa ad immagini, che ripropongono persino la simbiosi uomo-macchina nelle sue esplicite valenze sessuali. Ne è testimonianza *FUOCO* (periodico di controinformazione e di agitazione rivoluzionaria, n. 12, maggio-settembre 1977) che pubblica il seguente resoconto di un "viaggio" psichedelico: "Furente d'ira mi buttai nel parapiglia accorgendomi subito di avere buona tempra di lottatore anche se mi trovai ad un certo punto disteso al suolo graffiato e sbocconcellato e fu una fortuna immensa dato che alcune fanciulle si adagiarono sopra di me [...] Due o tre tipi di vettura berlina e coupé iniziarono a rombare in modo assordante imbastendo una gimcana indiavolata [...] Dopo non molto udii un boato e un colpo fragoroso e stridente [...] ho visto la berlina col muso mezzo fracassato e sotto di essa verso la ruota destra giaceva nuda Luisella in una pozza di sangue con gli occhi sbarrati [...] mi sento afferrare per la giacca con decisione e appena mi volto vedo che la mano che mi trattiene è la sua quella di Luisella che mi dice fermati scemo lasciamo godere le delizie di quest'amplesso la morsa focosa di quest'amore meccanico e ruggente lasciamo qui sotto perché me lo voglio assaporare sino alla fine e i suoi occhi diventarono due grossi bulloni e tutti gli arti le si trasformarono in alberi motore spinterogeni carburatori e viti e fili metallici finché non riuscii più a capire fin dove arrivasse la macchina e dove cominciasse la donna. LSD venticinque onirogeno. Quante cose mi hai fatto vedere e provare in quelle cinque ore del tuo dominio durante le quali ho alzato le sottane a tutte le ragazze che mi piacevano".

Ovviamente la fonte futurista italiana, sia per il suo cattivo stampo politico, sia nella logica dello "spossessamento e sorpasso", è tenuta come vergognosamente nascosta; non così è invece, abbiamo visto, per il dada-surrealismo, ma anche per il futurismo russo. *A/traverso* (marzo-aprile 1977, suppl. stampa alternativa), sotto il titolo *Alice scrive per l'autonomia*, esplicita il riferimento a Majakovskij, ed è ancora Bifo che parla: "Avevamo detto: sulla strada di Majakovskij. Intendevamo riprendere un gesto ed un'indicazione [...]: la scrittura, la creatività, la comunicazione può uscire dalla separatezza in cui vive l'arte, e farsi sovversione [...]. I mezzi elettrici di comunicazione sono il terreno in cui questa modalità pratica e sovversiva della scrittura si rende possibile [...]. Criminalizzare la scrittura, la trasformazione linguistica e culturale è il modo rozzo in cui il potere avverte la iscrizione del testo nel processo storico, e tenta di distruggere la capacità del linguaggio di farsi vita, trasformazione, movimento [...]. E questa volta Majakovskij non è solo".

Il linguaggio che si fa "vita, trasformazione, movimento" è per l'appunto nelle intenzioni ancora utopiche della prima avanguardia, a cominciare proprio dai futuristi e non soltanto russi ("l'arte diventa arte-azione, cioè volontà, aggressione, possesso, penetrazione, gioia": dal manifesto della ricostruzione futurista dell'universo di Balla e Depero, 1915). E direi che le alternanze di riferimenti e di modelli linguistici nell'ambito stesso, differenziato-omogeneo, del "movimento" (dai bolognesi, agli indiani, agli autonomi) dimostrano come a più o meno sensibili spostamenti di livello culturale e di ideologia corrisponde un modo di "farsi vita" del linguaggio che oscilla appunto tra la violenta "rozzezza" del futurismo, la sofisticazione nichilista del dadaismo e un'ambizione rivoluzionaria che invochi Majakovskij; consentendo di verificare in qualche modo nel vivo, per quanto approssimativamente, una dialettica o una gamma di possibilità già implicita nel corpo differenziato-omogeneo della prima avanguardia.

Oggi comunque l'utopia di un linguaggio comunicante con la vita cesserebbe di esser tale, grazie proprio - dice Bifo, ed è verissimo - allo sviluppo dei "mezzi di comunicazione"; che, per altro, tra le avanguardie storiche furono i soli futuristi a non sottovalutare né disprezzare - e una ragione ci sarà - intendendone anzi la fondamentale importanza fino al manifesto marinettiano della *Radia*:

"Possediamo ormai una televisione da cinquemila punti per ogni immagine grande su schermo grande. Aspettando l'invenzione del teletattilismo, del teleprofumo e del telesapore noi futuristi perfezioniamo la radiofonia destinata a [...] *imporre dovunque le parole in libertà come suo logico e naturale modo di esprimersi*" (1933) [il corsivo è nostro]; e già a partire dall'altro manifesto marinettiano de *L'immaginazione senza fili* (1913): "Coloro che oggi fanno uso del telegrafo, del telefono e del grammofono, del treno, della motocicletta, dell'automobile, del transatlantico, del dirigibile, dell'aeroplano, del cinematografo, del grande quotidiano non pensano che queste diverse forme di comunicazione, di trasporto e d'informazione esercitano sulla loro psiche una decisiva influenza [...]. Gli uomini oggi posseggono il senso del mondo; hanno mediocremente bisogno di sapere ciò che facevano i loro avi; ma hanno bisogno assiduo di sapere ciò che fanno i loro contemporanei di ogni parte del mondo".

Questa assoluta orizzontalità delle comunicazioni e dei rapporti, reclamata e presentita dal futurismo come dimensione congeniale ai mass-media, costituisce una chiave di volta. È l'intuizione che consentì ai futuristi, apologeti delle macchine e dell'industria, di tentare una rivoluzione del linguaggio (artistico e più elementarmente comunicativo, fino allo slogan) ai livelli radicali dei mutati modelli di produzione. Ecco allora che i mass-media non soltanto hanno svolto quell'opera, variamente articolata nei modi già accennati, di diffusione delle avanguardie; ma, più essenzialmente, hanno funzionato da modello già a quella prima e radicale mutazione di linguaggio da cui l'avanguardia ha preso le mosse, ad opera dei futuristi, per rovesciare l'arte nell'azione o più semplicemente nella comunicazione ("urgente"): nodo a cui ogni discorso dell'avanguardia non può che tornare, e a cui tanto più ritorna, ingrossato dall'azione crescente dei mass-media, ogni momento di espansione e massificazione dei linguaggi avanguardistici. Ed è poi l'intrico, sempre più oscuro, di consumismo e "rivoluzione", quando la pretesa rivoluzionaria fonda soltanto su un moto di contraddizione (= fruizione contraddittoria ed eversiva del "bene" consumistico).

Questa prospettiva, a mio modo di vedere centrale, comincia ad uscire dal buio e ad essere saggiata in alcuni recenti interventi sul futurismo, il cui merito è di aver smesso la semplicistica equazione futurismo-fascismo, consentendo di cogliere invece un certo nesso, su cui personalmente ho insistito e torno ad insistere, tra il futurismo da un lato, e dall'altro le più recenti convergenze delle neo-avanguardie (ad es. la pop art) con la protesta e il consumo giovanili.

Secondo Fausto Curi (*Perdita d'aureola*, Einaudi, Torino 1977, pp. XIII-XIV e p. 17), Marinetti, "proprio perché organicamente legato alla borghesia, è il primo a rendersi conto che l'arte è produzione subordinata alle leggi del mercato capitalistico, soggetta quindi a un consumo che rende indispensabili una sempre nuova progettazione di modelli formali e un loro continuo aggiornamento, un diverso tipo di contatto, diretto e pressante, con la massa degli acquirenti e un'incessante pubblicità della novità insuperabile e della perfetta efficienza dei prodotti. Marinetti sa bene, insomma, che l'arte è, in senso baudelairiano, prostituzione; in contrasto con Baudelaire, però, che, come abbiamo visto, si era servito della struttura del mercato capitalistico per introdurvi una merce sostanzialmente anticapitalistica, egli asseconda con zelo le attese del pubblico in varia misura legato all'industria imperialista [...]. Ma se è vero che, in tal modo, al vecchio sublime, come ha osservato Sanguineti, egli ne sostituisce uno nuovo, è anche vero che le sue violazioni del sublime sono frequenti e in qualche caso tali da incidere sulla dialettica dell'intera avanguardia. In primo luogo, la profanazione parodica e grottesca del teatro tradizionale (stimolata dalla diabolica maieutica palazzeschiana) che egli compie tanto sul piano dottrinale quanto, anche se con minore efficacia, sul piano dei testi. In secondo luogo, la teatralizzazione carnevalesca della letteratura, che provoca la sua tendenziale uscita dal libro e la sua metamorfosi in *spettacolo,* cioè in evento da guardare e da udire, o, meglio ancora, da vivere collettivamente. In terzo luogo, la degradazione del segno linguistico a strumento mimetico della realtà fenomenica, del tutto fungibile e manipolabile in radicale contrasto con i principi stessi su cui si fonda il sistema della lingua" [...]. "Contraddizioni o, come qualcuno ha scritto, "aporie" dell'avanguardia? Ma soltanto chi si ostini in una visione stolidamente antidialettica può non avere ancora capito che nella misura in cui l'arte d'avanguardia è strutturalmente collegata *per contraddizione* con la borghesia, la contraddizione è il fondamento stesso dell'arte d'avanguardia".

(Quel "qualcuno" sono peraltro io, quando scrivevo in *Umberto Boccioni - Incisioni e disegni,* La Nuova Italia, Firenze 1973: "Il giovanilismo era ben conseguente ai sottintesi produttivistici dell'ideale futurista e particolarmente marinettiano; ed è evidente che il consumismo dell'età contemporanea e il ritmo frenetico di superamento e continua fuga in avanti delle avanguardie sono due aspetti connessi. Il futurismo, che è la chiave per l'intendimento di tantissimi fatti e aporie della cultura moderna, anticipò questo nodo tra avanguardia, consumismo, contestazione e giovanilismo". Sottile è l'analisi del Curi, pur sembrandomi che le contraddizioni sono già nella società e che l'avanguardia, assumendole "per contraddizione" - con la facies conciliante della borghesia - non fa che moltiplicarle ed esasperarle.)

Secondo Christopher Wagstaff (in *Tavole parolibere futuriste* a cura di L. Caruso e S. M. Martini, Liguori, Napoli, II, 1977, pp. 589 sg.) il futurismo esprime "la realtà di un mondo dominato dalla libera concorrenza capitalista".

"Le "vecchie" ideologie, ferme a una concezione di esistenza stabile, puntano su un tipo di espressione di impianto metaforico e si fondano, per quanto riguarda in particolare la letteratura, sulla necessità di un discorso logico, sulla esistenza di un sistema verbale razionale capace di "tradurre" la realtà evocata. Le parole evocano immagini, le quali esprimono idee ("miti"), che assumono a loro volta il ruolo di "linguaggio" della "vecchia" ideologia. Ma per un'ideologia che si voglia esprimere direttamente per mezzo degli oggetti fabbricati da una società, le parole possono essere espressive in quanto rappresentano questi oggetti, i quali assumono il ruolo di "linguaggio" della nuova ideologia [...]. Applicare a Marinetti l'etichetta di apologeta del fascismo significa commettere questo errore, e dimenticare il fatto che il fascismo stroncò le innovazioni dei futuristi, e negò la loro percezione acuta dei bisogni culturali di una società capitalista moderna. Il fascismo tornò all'impero, alla famiglia, ai valori rurali, mentre le istanze marinettiane sono quelle che animano oggi i programmi che si guardano alla televisione, i film che si danno nei cinema. Non a caso è nella cultura americana degli anni cinquanta e sessanta che si riscontra il vero "recupero" del futurismo.

"Marinetti aveva intuito i principi di una cultura di massa vitale; cioè aveva capito che, come i miti, la cultura di massa deve rispecchiare i valori necessari alla sopravvivenza di una società, e che una società industriale deve privilegiare quelle cose su cui è basata la sua economia: gli oggetti (o le merci) che produce e gli scopi o i bisogni a cui quegli oggetti servono, insieme all'organizzazione sociale da cui dipende la produzione di quegli oggetti. Quindi Marinetti esaltò gli oggetti (le automobili, i treni, gli aeroplani, l'elettricità, le macchine, i materiali di guerra), gli scopi a cui quegli oggetti servono (la velocità del movimento, la quantità e l'intensità di esperienza, l'industria, le fabbriche, i porti, la concorrenza, la guerra), e l'organizzazione sociale da cui dipende la produzione di quegli oggetti (l'uomo-massa, l'uomo-oggetto materiale, l'uomo che in fusione con la macchina è superpotente ed indistruttibile, l'uomo aggressivo - il "futurista al fronte" -, la donna aggressiva, l'uomo insoddisfatto sempre teso a un'esistenza più intensa [...]. Aveva inoltre capito il bisogno di un mezzo di comunicazione più concreto e più accessibile del periodare lento del tradizionale fraseggio italiano e delle immagini così poco concrete e poco industriali del simbolismo (anche se non si liberò mai delle sue origini simboliche) - un mezzo di comunicazione di massa, quindi ovviamente la stampa, ma anche il teatro e più tardi il cinema e la radio [...]

"Secondo lui l'arte della vecchia estetica comunicava idee e sentimenti attraverso processi razionali; la nuova estetica offriva oggetti e sensazioni direttamente, e per le idee c'erano le analogie audaci, senza fili (cioè senza legami razionali), da percepire anch'esse intuitivamente. Non c'è bisogno di continuare questa analisi perché i manifesti (soprattutto *Distruzione della sintassi*) parlano chiaro.

"Le implicazioni però sono chiare e importantissime: l'abolizione della distinzione tra vita e arte, fra l'esperienza dell'una e dell'altra; al limite, l'arte non doveva più significare i suoi significati, doveva esserli. Non solo, implicava anche introdurre nelle convenzioni dell'arte, diciamo della letteratura, tutta la vita: i mezzi di comunicazione di massa, gli oggetti e le sensazioni materiali. Implicava anche la fine dell'io individuale artistico che filtrava contemplativamente la realtà attraverso la sua sensibilità [...]

"Quando Gramsci scrisse (in *Ordine nuovo*, 5 gennaio 1921) che gli operai prima della guerra trovavano rivoluzionario il futurismo, precisò che si riferiva alla *distruzione* della vecchia civiltà borghese che compivano i futuristi. È anche possibile che l'appoggio di quegli operai andasse a un'estetica-ideologia che esprimeva l'esperienza dell'uomo-massa, estetica che costituiva una rivoluzione positiva di fronte al culto della sensibilità individuale della cultura borghese [...]

"Questa ribellione contro una vecchia estetica voleva essere una rivendicazione gioiosa della superiorità dell'uomo sui suoi strumenti - in questo caso, il linguaggio. I futuristi concepirono la *libertà* delle parole in libertà come una vera libertà in cui gli uomini potevano sentirsi liberati dalla loro vecchia, trepida venerazione verso il linguaggio tradizionale. C'è dunque un vero elemento di impertinenza, una reale dissacrazione della parola nelle operazioni irriverenti a cui i futuristi la sottoposero.

"Il nuovo rapporto tra arte e vita istituito dal futurismo s'è dimostrato di una importanza enorme nella cultura del Novecento, e le sue tecniche letterarie si possono definire le uniche risultate finora capaci di esprimere una parte dell'esperienza della nostra civiltà industriale capitalista. Marinetti diceva che le prevenzioni contro i testi futuristi non erano altro che gli ultimi rantoli di un'estetica antiquata. Può darsi che si tratti anche della paura dello specchio".

L'ulteriore nesso da cogliere, anche per comprendere la proiezione nei movimenti giovanili, sarà appunto quello tra consumo e protesta. Ed è nesso facilmente intuibile, stante che il "benessere" apportato dal capitalismo non solo aggrava e sottolinea gli scompensi sociali generalizzando una richiesta di beni anche "superflui", ma alimenta il disagio, l'emarginazione e la disoccupazione degli intellettuali: cioè di una categoria in illimitata espansione grazie al processo, anch'esso a base industriale, di divulgazione della cultura, e dotata dei più specifici e sottili strumenti per l'elaborazione della protesta. All'origine c'è appunto secondo la nostra ipotesi (*non come causa ma come primo effetto*) il fenomeno dell'avanguardia, e più tipicamente di ogni altra quella futurista, fenomeno alimentato dall'emarginazione dell'artista.

Il filo che lega i protagonisti delle avanguardie storiche ("noi, gli ultimi studenti ribelli di questo mondo troppo saggio") agli studenti ribelli della contestazione ("noi [...] ultimi veri metropolitani") è anche quello di una professionalità frustrata, è la crisi dell'intellettuale come crisi del suo potere tradizionale, che era potere derivante, se si vuole, da un tipo di asservimento, comunque da una funzione e da un "servizio" resi inutili dalla rivoluzione delle comunicazioni e della produzione.

Crisi, in primo luogo, dell'artista figurativo in una civiltà che produce meccanicamente le immagini, ma anche dello scrittore le cui forme di comunicazione metaforica (romanzata o poetica) e legate allo specifico della scrittura sono esautorate da forme ibride e di maggiore presa come il cinema (e il cinema a sua volta dalla televisione). L'artista e lo scrittore, minacciati da avvisaglie di "disoccupazione" o ghettizzazione, da un lato cercano di assimilare queste nuove forme comunicative (dalla scrittura "telegrafica" dei futuristi alle larghe assimilazioni dei mass-media operate dalla pop art e dalle tendenze ulteriori), dall'altro si preoccupano di trovare un nuovo sfocio, una nuova funzione e una nuova identità al loro mestiere, che diventa, proprio, il mestiere astratto di "immaginare", contrapposto al razionalismo delle scienze e delle tecnologie trionfanti; la loro funzione è di tutelare i diritti dell'immaginazione, il loro bersaglio è tutto ciò che opera restringimenti all'immaginazione, cioè appunto il razionalismo borghese e capitalista, il loro sfocio di incidenza e di potere è quello stesso dell'immaginazione. Né può essere altro, persino, in parte, per quelle schiere di tecnici della creatività che incanalano le loro ricerche in una direzione non già di polemica o di contrapposizione frontale con il razionalismo, ma di integrazione, cercando, infatti, un'integrazione anche ai livelli produttivi del capitalismo (Bauhaus e in generale le avanguardie architettoniche, del design e comunque dell'applicazione, inerenti cioè a domini fisicamente ineliminabili della produttività).

Questa condizione di potenziale disoccupazione si estende, del resto, alla figura dell'intellettuale e alle sfere di ogni cultura "umanistica" non riconducibile (come invece ad esempio la cultura scientifica) ad una positiva strumentazione nella logica della produttività industriale e capitalistica. Ecco anche la separazione delle culture ("le due culture") e il rivoltarsi delle culture umanistiche contro il loro stesso umanismo, rinnegato nella misura in cui più distinta è la coscienza dell'improduttività (anacronismo) dell'umanesimo e via via che questa coscienza si fa più lucida. Nel futurismo, avanguardia "immatura", inquieta e intuitiva ma criticamente disorganizzata, la speranza di un'integrazione (anche attraverso un'alleanza, ma a non richiesti livelli celebrativi, con le industrie e le macchine, oltre che con la profferta di una trasformazione del linguaggio in termini congeniali alla civiltà produttivo-consumistica di massa e alle nuove comunicazioni elettriche) convive più vistosamente e caoticamente alle radici stesse della trasformazione linguistica con l'istinto di ribellione e contestazione, ovvero, anche, con la richiesta di una funzione e di un'occupazione. Richiesta che, non stringendo nulla, punta conseguentemente al tutto, all'"artecrazia" cioè, e al potere politico degli artisti.

Un motivo che rilega nella continuità le avanguardie storiche al Sessantotto e al Settantasette è appunto quello della creatività e dell'immaginazione esaltate come forze rivoluzionarie e destinate a prendere il potere. Anche nelle scritte del '77 troviamo:

    "L'imagination au pouvoir"

    "La fantasia distruggerà il potere"

    "Spazio all'immaginazione"

    "Liberiamo la nostra creatività"

    "Creatività = fantasia = potere rosso".

Ancora una volta la matrice futurista dello slogan è, nella sua inavvedutezza corporativa, sintomatica e rivelatrice di una componente eziologicamente tutt'altro che trascurabile anche se, certo, non esclusivamente determinante. L'immaginazione al potere è una (generosa e intelligente) variazione di Breton sul tema marinettiano: "Artecrazia e artisti al potere" (a parte i precedenti che, anche in questo caso, potrebbero essere ricercati nella cultura romantica).

Nel dadaismo e nel surrealismo, infatti, il momento critico è assai più sottile, la coscienza dell'irrimediabile separatezza è ben più nitida e provoca un "oscuramento" quasi settario ed elitario del linguaggio futurista (invece "democraticamente" e "funzionalmente" aperto alle masse); non si punta all'integrazione, cercando, con l'irruenza contestativa, spazi di cogestione della trasformazione in atto, ma si punta per quanto astrattamente e contraddittoriamente alla rivoluzione, cercando un'alleanza con i detentori della potenzialità rivoluzionaria, con il movimento operaio. Il surrealismo non fa tuttavia proprie le rivendicazioni specifiche dei lavoratori, se non nel sottinteso del comune "sfruttamento" (in realtà di diverso segno, perché, più che da un lavoro alienante, l'intellettuale è minacciato da un'assenza di funzione); ma fa proprie quelle più generali e apparentemente più icastiche di un'umanità minacciata dall'alienazione e dalla soppressione-repressione dell'immaginario. E così non si reclama, corporativamente, il potere degli artisti, ma quello dell'immaginazione, scavalcando la richiesta corporativa in un'ipotesi più radicale e disorientante.

Questa ipotesi aveva tuttavia bisogno, per mordere la realtà, di mettere meglio a fuoco il proprio soggetto: l'immaginazione è, nei surrealisti, una dimensione legata ancora al mito e all'umanesimo, benché corroborata, attraverso la lettura di Freud, dal nerbo dell'inconscio. Occorreva tuttavia un'ulteriore elaborazione del pensiero trasgressivo e di avanguardia per ridurre la questione al suo vero nòcciolo. L'immaginazione al potere, *o meglio il desiderio* al potere. L'Anti-Edipo, cioè lo 'smascheramento' dello stesso Freud come complice repressivo del sistema capitalista e carceriere del desiderio nella rappresentazione e nel mito (il mito dei miti: Edipo), segna appunto il momento di più spinta maturazione del pensiero trasgressivo e di più acuta denuncia di un'insidia: quella contenuta in un riciclaggio e in una riproposta umanistici dell'immaginazione (e dell'inconscio) come regno appunto del mito (e dell'occulto umanistico: Jung). Un'immaginazione così strutturata non può essere arma di attacco al razionalismo borghese, ma l'immaginazione e l'inconscio vanno identificati con il desiderio liberato da ogni rappresentazione catartica.

E una volta messo a nudo il punto teorico, appare anche più chiaro perché poi nelle applicazioni spontanee (protesta giovanile) il linguaggio trasgressivo si riaccosti a certa logica originaria dell'avanguardia nel senso futurista. Non a caso la visione futurista e marinettiana di artisticità e di creatività si sentiva già solidale, nell'intuizione del livellamento operato dai nuovi mezzi di comunicazione, con la "moltiplicazione e sconfinamento delle ambizioni e dei desideri umani", come attesta il manifesto de *L'immaginazione senza fili*. Alle nuove comunicazioni "senza fili", corrispondeva, in Marinetti, un'immaginazione senza fili: "per immaginazione senza fili, io intendo la libertà assoluta delle immagini o analogie, espresse con parole slegate e senza fili conduttori sintattici". Cioè un'anticipazione della guattariana "schizofrenia" alleata del desiderio che, nell'immaginazione senza fili, si moltiplica e sconfina. Al libero, e liberistico, intensificarsi della produzione, corrisponde l'intensificarsi incontrollato del desiderio.

Abbiamo visto e vedremo che già Marinetti predica la follia, l'illogicità, il paroliberismo, il movimento, l'azione, e significativamente li associa ad un'esaltazione e celebrazione della civiltà industriale; il suo invito alla velocità e all'acceleramento dei ritmi è con tutta evidenza anche un invito all'acceleramento dei ritmi produttivi. Si può sospettare, e sempre più lo sospetto, che il futurismo additi le vere radici dello "schizofrenismo" avanguardistico a livello di produzione e rapporti di produzione, e che le successive elaborazioni delle avanguardie trasgressive, con il loro rifiuto ideologico ma non tecnico del futurismo, e con il loro proporre continue novità e sorpassi in una linea di sviluppo invece sostanzialmente omogenea, spazino appunto nel puro campo dell'ideologia. Ad esempio, uno dei tratti più rivelatori del pensiero marinettiano è dove l'insofferenza per il vecchiume viene esplicitamente connessa con la moda e si esaltano "i grandi sarti Parigini che mediante l'invenzione veloce delle mode, creano la passione del nuovo e l'odio per il già visto" (da *La Nuova Religione-Morale della Velocità*, maggio 1916).

Del resto, il quadro offerto dal manifesto de *L'immaginazione senza fili* è impressionante per attendibilità - e vale la pena di rileggerlo più estesamente -, laddove indica come conseguenze della rivoluzione delle comunicazioni "i seguenti fenomeni significantissimi: Acceleramento della vita, che ha oggi, quasi sempre, un ritmo rapido. Equilibrismo fisico, intellettuale e sentimentale sulla corda tesa della velocità, fra i magnetismi contraddittorii. Orrore di ciò che è vecchio e conosciuto. Amore del nuovo, dell'imprevisto. Orrore del quieto vivere, amore del pericolo e attitudine all'eroismo quotidiano. Distruzione del senso dell'*al di là* e aumentato valore dell'individuo che vuole *vivre sa vie* secondo la frase di Bonnot. Moltiplicazione e sconfinamento delle ambizioni e dei desideri umani. Conoscenza esatta di tutto ciò che ognuno ha d'inaccessibile e d'irrealizzabile. Semi-uguaglianza dell'uomo e della donna, e minore slivello dei loro diritti sociali. Deprezzamento dell'amore (sentimentalismo o lussuria), prodotto dalla maggiore libertà e facilità erotica nella donna [...]. Distruzione delle distanze e del sentimento nostalgico della solitudine. Nuovo senso del mondo [...]. Necessità, per l'individuo, di comunicare con tutti i popoli della terra [...]. Ingigantimento del senso umano e urgente necessità di determinare ad ogni istante i nostri rapporti con tutta l'umanità, e le nostre vere proporzioni [...]. Orrore della lentezza, delle minuzie, delle analisi e delle spiegazioni prolisse. Amore della velocità, dell'abbreviazione, del riassunto e della sintesi".

L'ottimismo marinettiano può suscitare ironia o repulsione, ma probabilmente è vero che si tratta di "paura dello specchio". In questa profezia che ha (incredibilmente) più di sessant'anni, sembrerebbe fuori luogo solo l'accenno all'"amore del pericolo" e all'"eroismo quotidiano", finché non si riflette che è forse la casella-limite in cui collocare la psicologia del terrorista: il quale soddisfa anche un bisogno di "eroismo", ridimensionandolo nel contesto del "quotidiano". Ne è conferma la citazione immediatamente seguente della frase di Bonnot "vivre sa vie" (finita per altri canali, come abbiamo visto, sui muri di Bologna), dal momento che Bonnot era un libertario e rapinatore. Il terrorista incarna appunto l'uomo-macchina, che non ha sentimenti ma solo "rabbia", che mutua dalla macchina e dalle armi meccaniche - come l'automobilista dal motore - freddezza e senso ingigantito di potenza. "Presto verrà", afferma Marinetti nel suo scritto *Contro i professori* (1910), "il momento in cui non potremo più accontentarci di difendere le nostre idee con degli schiaffi e dei pugni, e dovremo allora inaugurare l'attentato in nome del pensiero".

Ecco dunque la prospettiva rovesciabile, dalle avanguardie all'attualità, dall'attualità alle avanguardie (e al futurismo), attraverso la quale è lecito guardare per cogliere alcune motivazioni e contraddizioni del "movimento", evitando, certo, la sovrapposizione di fenomeni che restano tra loro diversi, specie in relazione al contesto ideologico: ma evitando altresì inarticolate approvazioni o disapprovazioni globali, nel prendere atto della complessità e profondità delle istanze culturali ed espressive in rapporto alla struttura produttiva (o "improduttiva"); ed evitando infine generalizzazioni e determinismo, che da un lato riconfondano il "movimento" con la totalità dei giovani consumatori (spesso invece puramente passivi) di mass-media, e dall'altro individuino nel mass-medium un tramite obbligato per la divulgazione della cultura d'avanguardia, ovvero ne ipotizzino una fruizione solo e sempre passiva o almeno mediata.

Ed è attraverso questa prospettiva che si potranno intendere altre connessioni tra futurismo (particolarmente) e "movimento". Alludo al fatto che il futurismo - conseguentemente al suo tentativo di esprimere e anzi provocare il "futuro" di una società capitalistico-industriale: 1) era ben consapevole delle proprie possibilità d'influenza e di penetrazione ("Noi siamo convinti", scrive Marinetti in *L'uomo moltiplicato e il regno della macchina*, 1910), "che l'arte e la letteratura esercitano un'influenza determinante in tutte le classi sociali, anche nelle più ignoranti, che ne sono abbeverate per via d'infiltrazioni misteriose. Noi possiamo dunque attivare o ritardare il movimento dell'umanità"; 2) privilegiava come interlocutori i giovani, destinati a "svecchiare" la società, e cioè a sostituire alla lotta di classe una lotta generazionale, ai livelli-vertice dell'attività intellettuale, ovvero anche, come sappiamo, il conflitto tra emarginati e 'occupati'.

In effetti, tra i giovani, il futurismo si rivolgeva in particolare agli studenti, e polemizzando con le istituzioni, teneva particolarmente presente l'università.

Nel mio scritto del '70, già riportavo alcuni brani del testo di Carrà, Ginna, Chiti, Settimelli, Carli, Mara e Nannetti intitolato *La Scienza futurista* (giugno 1916), da cui vale la pena di stralciare più estesamente:

"La prima parola futurista sulla scienza potrebbe essere un franco augurio di distruzione alle scuole, ai laboratori, ai gabinetti scientifici [...]. La figura del *professore*, oggi completamente ridicolizzata ed esautorata dalla propaganda futurista, *conserva ancora un illogico prestigio nel campo scientifico*: qui accade spesso, che un venerando rudere blindato di occhiali venga ascoltato senza ilarità [...]. I pregiudizi della serietà e della lentezza, gli assiomi della ricerca paziente e dell'opera di vasta mole, i dogmi della divina verità e della conquista indistruttibile sono cristallizzazioni mentali sul rovescio delle quali sta scritto: tradizionalismo, eterna rimasticazione e ridigestione di tutto ciò che è stato fatto, disprezzo dei giovani, degli audaci, dei geniali non diplomati, degli irregolari, dei *nuovi*. Gli innumerevoli corsi ed esami delle nostre scuole sono altrettanti trabocchetti tesi ai febbrili entusiasmi dei giovani: arrivare alla laurea senza rimbambirsi, se fosse possibile, sarebbe un cross country veramente prodigioso [...]. Noi esortiamo invece i giovani a considerare la coltura scientifica, quale viene somministrata nelle scuole, come un cibo indigeribile da cui è bene tenersi lontani [...]; esaltiamo il valore dinamico della nozione pescata direttamente dalla realtà, contro ogni forma di conoscenza libresca [...]; bisogna riconoscere ai giovani tutti i diritti di fronte ad ogni affermazione uscita da un cervello passato [...]. Noi diciamo che il vero valore di una scoperta scientifica può essere determinato solamente basandosi sui concetti affermati dalla nostra misurazione futurista, secondo i quali il valore di *qualunque opera o scoperta* (scientifica, artistica, filosofica...) è direttamente proporzionale alla quantità di energia occorsa a produrla [...]. SCIENZA FUTURISTA agile capricciosa ignotofila sicurezzofoba aggressiva avventurosa scopofoba antitedesca allegra aculturale CONTRO SCIENZA PASSATISTA pedantesca professorale seria seccatrice sicura meticolosa pachidermica".

Gli esempi potrebbero essere moltiplicati. L'apologia dei giovani, oltre che nel Manifesto di fondazione ("I più anziani fra noi, hanno trent'anni [...]. Quando avremo quarant'anni, altri uomini più giovani e più validi di noi ci gettino pure nel cestino, come manoscritti inutili. Noi lo desideriamo! Verranno contro di noi, i nostri successori, verranno di lontano, da ogni parte, danzando su la cadenza alata dei loro primi canti, protendendo dita adunche di predatori..."; e nel Manifesto dei pittori futuristi: "Largo ai giovani, ai, violenti, ai temerari!"), è un po' ovunque. "I giovani sono i più calpestati. E noi lottiamo specialmente per i giovani, perché sono i più vivi fra i vivi" dice il *Discorso ai Triestini* di Marinetti (1910), dove il motivo si sposa a quello - poi circolante, in forza dell'ideologia della dis/aggregazione, nel Settantasette - dell'anti-assemblearismo e dell'anti-leaderismo. Polemizzando infatti con gli anarchici che danno la presidenza delle assemblee al

più anziano "fatalmente interessato a conservare lo stato di cose",
Marinetti scrive:

"Credete ancora, d'altronde, all'utilità delle assemblee, spiriti
rivoluzionari? Accontentatevi, in tal caso, di scegliere un direttore
o meglio un regolatore di discussione, ed eleggete a questo ufficio
il più giovane di voi, il meno noto, il meno importante". ("Dis/
aggregarsi è ora [...]. Una volta in 12 si incappa in un rischio
pressoché inevitabile. Si è in molti, si è in troppi, l'abitudine
alla prevaricazione molto probabilmente condurrà il gruppo alla
disgregazione/fondazione di figure predominanti attorno cui
ruotano figure di secondo piano: causa un numero eccessivo di
cervelli e identità a confronto": da *OASK?!*, cit.)

Anche nei manifesti politici del Futurismo non manca l'appello ai
giovani; nel primo, che è del 1909, appare in forme anche assonanti
con le attuali polemiche: "Noi futuristi invochiamo da tutti i
giovani ingegni di Italia una lotta ad oltranza contro i candidati
che patteggiano coi vecchi e coi preti".

Il programma politico futurista dell'ottobre 1913 prevede la
"esautorazione dei morti, dei vecchi e degli opportunisti, in
favore dei giovani audaci". II Manifesto del "partito futurista
italiano" propone di ridurre a 22 anni "il limite minimo di età
per la deputazione" e di rimpiazzare "il Senato con una Assemblea
di controllo composta di 20 giovani non ancora trentenni eletti
mediante suffragio universale".

Nel Manifesto del *Controdolore*, Palazzeschi esorta a "trasformare
i manicomi in scuole di perfezionamento per i professori che ci
disapprovano".

All'occorrenza Marinetti prende le parti di studenti espulsi,
deprecando ad esempio "quella misera nidiata di professorucoli
bigotti e paurosi, che escluse dalla scuola i nostri giovani e audaci
amici Caprilli, Talamassi, Copertini, Provinciali, Burco e Icari,
colpevoli solo di Futurismo, nuovo reato sublime" (dal Manifesto
futurista ai cittadini di Parma, maggio 1911).

E resta emblematico quello che egli aveva scritto in *Uccidiamo il chiaro di luna*, del 1909: "Vogliamo che i nostri figliuoli seguano allegramente il loro capriccio, avversino brutalmente i vecchi e sbeffeggino tutto ciò che è consacrato dal tempo".

Nel già citato scritto *Contro i professori* (1910) Marinetti, negando "violentemente" di essere un seguace di Nietzsche (secondo la logica dello "spossessamento e sorpasso": in realtà le sue polemiche hanno una radice nicciana), reclama che "tutte le autorità, tutti i diritti e tutti i poteri siano brutalmente strappati ai morti e ai moribondi, e dati ai giovani fra i venti e i quarant'anni"; ed incalza minaccioso: "Non siamo amati dai magistrati, i poliziotti ci sorvegliano, i preti si ritraggono al nostro passare, e i socialisti ci odiano cordialmente. Noi rendiamo a tutti costoro quest'odio e questo disprezzo, poiché in essi disprezziamo dei rappresentanti indegni di idee pure e non terrestri, quali la Giustizia, la Divinità, l'Uguaglianza e la Libertà. Siccome queste idee pure e assolute sono più d'ogni altra suscettibili d'insudiciarsi, esse non possono, assolutamente, esser maneggiate dai passatisti". Segue il brano che abbiamo già parzialmente riportato: "Presto verrà il momento in cui non potremo più accontentarci di difendere le nostre idee con degli schiaffi e dei pugni, e dovremo allora inaugurare *l'attentato* in nome del pensiero, l'attentato artistico, l'attentato letterario, contro la *crosta* glorificata e contro il professore tirannico. Ma la viltà dei nostri nemici ci eviterà forse il lusso di ucciderli". Ad ogni buon conto Marinetti difende uno studente siciliano che aveva assassinato il proprio professore, attribuendo la colpa alla scuola: "Scusate con noi il gesto d'indisciplina sanguinaria dello studente palermitano Lidonni, il quale si vendicò, a dispetto delle leggi, di un professore tirannico. I professori passatisti sono i soli responsabili di questo assassinio".

La sede della rivolta poteva essere già allora l'università, i professori sono già assimilati ai poliziotti, e già l'invito ai poliziotti è quello di cercare la propria libertà: "Sbigottì i questurini universitari gridando per primo alle parole: *Circolate!: Vi porrò io in libertà*" (da

Balabani, *Certificato penale di F. T. Marinetti*, in "L'Italia Futurista", I, n. 12, 1916).

"La grande guerra", scrive Carrà in *Guerrapittura*, Milano 1915, "deve liberarci dall'ossessione della cultura che è sempre muffa erudita. Fuoco alle Università, che sono il covo della vigliaccheria stipendiata!" Nello scritto *In quest'anno futurista* (nov. 1914) Marinetti si rivolge agli "studenti italiani" per invitarli alla guerra: "Il futurismo, nel suo programma totale, è un'atmosfera d'avanguardia; è la parola d'ordine di tutti gl'innovatori franchi-tiratori intellettuali del mondo; è l'amore del nuovo [...] la denigrazione sistematica dell'antico, del vecchio, del lento, dell'erudito e del professorale; è un nuovo modo di vedere il mondo; una nuova ragione di amare la vita [...] una mitragliatrice inesauribile puntata contro l'esercito dei morti, dei podagrosi e degli opportunisti, che vogliamo esautorare e sottomettere ai giovani audaci e creatori".

Seguono, dal 1° al 20 dicembre 1914, le "rivolte studentesche contro i professori tedescofili all'Università di Roma, promosse da Marinetti e Cangiullo. Costume antineutrale tricolore creato da Balla e indossato per la prima volta da Cangiullo" (da *Il Futurismo e la guerra* di Balilla Pratella, Milano 11 dic. 1915).

Chi affiancare agli studenti e ai giovani, per l'eversione futurista? Nel pensiero di Marinetti, i loro alleati sono appunto gli artisti, nonché i folli, protagonisti di *Uccidiamo il chiaro di luna* (1909); i folli, cioè i vivi, abitatori del "Palazzo dei vivi", come Marinetti chiama il manicomio, di cui egli, insieme ai "poeti incendiari, fratelli miei futuristi" disserra le porte: "pazzi e pazze, scamiciati, seminudi, eruppero a migliaia, torrenzialmente, così da ringiovanire e ricolorare il volto rugoso della terra [...]. O pazzi, o fratelli nostri amatissimi, seguitemi! ...". "È tempo - scrivono Corradini e Settimelli nel 1914 - che della pazzia (sconvolgimento dei rapporti logici) si faccia un'arte cosciente ed evoluta".

Con più matura e drastica concezione, Breton (*Lettera ai primari del manicomio*, 1925) afferma: "Noi non ammettiamo che si intralci il libero sviluppo di un delirio; legittimo e logico come qualsiasi altra serie d'idee o di atti umani [...]. Senza stare a insistere sul carattere perfettamente geniale delle manifestazioni di alcuni pazzi, nella misura in cui siamo in grado di apprezzarle, noi affermiamo l'assoluta legittimità della loro concezione della realtà, e di tutti gli atti che ne derivano". Così la rivalutazione della follia attraverserà il surrealismo per sfociare nel pensiero 'trasgressivo' e 'liberatorio' di Foucault e Guattari, ben presente agli intellettuali del "movimento".

Ma le simpatie già anche del futurismo, oltre che ai giovani, agli artisti, ai folli, andavano a tutti i rifiutati della società, sebbene questa opzione istintiva fosse frenata da remore perbenistiche. È rivelativo comunque, tra gli altri scritti, quello di Carlo Carrà intitolato *Bilancio*, in *Lacerba* del 1914, che alla categoria passatista di "TUTTI professionisti depu-senatori magistrati (LUCE BIACCOSA GIORNO) notai medici avvocati ragionieri levatrici funzionari carabinieri preti mariti esattori filosofi barbe occhiali - d'oro pancie serietà hostudiatoingermania (VECCHIO SOLE SCROTOVUOTODORO SBADIGLIO) ordine", contrappone quella futurista di "TUTTI puttane pederasti adulteri ruffiani giocatori poeti assassini (NOTTE LUCELETTRIZZATA) pittori ladri scultori futuristi mendicanti (AUDACIA ROMPICOLLISMO) ubriachi falsari inventori teppisti (INSONNIA) masturbatori corruttoridiminorenni".

"Fate le vostre esposizioni", dice Boccioni nel Manifesto ai pittori meridionali, febbraio 1916, "senza deputati, senza ministri, senza municipi [...]. Una qualsiasi sala accolga i vostri sforzi, e accontentatevi dell'approvazione di un amico o di un giovanetto quindicenne. Se sentite la lode di un uomo di cinquant'anni, di una persona altolocata [...] non abbiate che disprezzo e mettetevi in guardia [...]. Io, pittore futurista, vi dico che per me considererei maggiore onore dare un vero fremito nuovo ad uno di quei guappi o ad una di quelle prostitute che ho avuto il piacere di conoscere, una notte, nel caffè di Don Ciccio, che non il veder comprato un mio quadro dal Ministro degl'Interni".

È già, se non il Parco Lambro, un censimento degli emarginati e dei "diversi", con cui i nuovi artisti ("poeti... pittori... scultori") in quanto emarginati di lusso si mescolano o tendono ad identificarsi, presentando la scissione delle "due società" e auspicando, con la rivolta di una generazione contro l'altra, la ribellione di una società contro l'altra; sordi invece alla lotta delle classi, in un momento in cui pure, quest'ultima, era più netta e profonda di quanto non sia oggi, essendo allora più arrogante e saldo il dominio della borghesia sul proletariato.

Ma sappiamo anche bene che questa rivolta dei giovani, dei folli e degli emarginati si identificava per i futuristi con la guerra, e verifichiamolo una volta di più: "La Guerra esautorerà tutti i suoi nemici: diplomatici, professori, filosofi, archeologi, critici, ossessione culturale, greco, latino, storia, servilismo, musei, biblioteche, industria dei forestieri" (Marinetti, *In quest'anno futurista*, cit.). La 'guerriglia' del Settantasette sembra ideologicamente meno sprovveduta della guerra marinettiana, ma è tutt'altro che escluso che anch'essa confonda gli obiettivi e che (non per ingenuità, ma per analogo stato di contraddizione) porti acqua a mulini altrui.

Lasciando comunque di addentrarci nell'ideologia, è da insistere sulla parziale spiegazione che le analogie o riprese di linguaggio e di comportamenti trovano, anche per contrasto, nel quadro della produzione, del consumo e dei mezzi di comunicazione. A tale quadro va probabilmente riferita la "sperimentazione dei linguaggi" che non crea, è vero, la "nuova coscienza" ma procede contestualmente da quella base, per congenialità e contraddizione. "Ciò che suggerisco", scriveva Eco nel citato articolo del 19 aprile, "non deve significare che la sperimentazione sui linguaggi ha provocato la nuova coscienza. Sarebbe un'ipotesi idealistica. Si tratta piuttosto di vedere come un progetto astratto e letterario di sovversione espressiva, dalla lingua al comportamento, si è incontrato da un lato con un processo di diffusione operato dai mass-media, dall'altro con una precisa situazione storica e economica in cui l'io diviso, il soggetto dissociato, la sindrome del senza patria e la perdita dell'identità hanno cessato di essere allucinazione sperimentale e prefigurazione oscura, e si sono trasformati in condizione psicologica e sociale di grandi masse giovanili".

In realtà, come i mass-media non si sono limitati a diffondere i linguaggi delle avanguardie, ma li hanno - all'origine futurista - "provocati" nel duplice senso della parola, così il "progetto astratto e letterario di sovversione espressiva" non era, neanch'esso, totalmente astratto. Né si è limitato, se l'ipotesi ha fondamento, a svolgere un'influenza sulle masse dei giovani e degli emarginati, ma era, fin dall'origine, linguaggio contraddicente e contraddittorio dell'emarginazione.

Ma nei futuristi il linguaggio avanguardistico, mentre esprime questa protesta contro il potere emarginante, ipotizza anche le modalità di un'appropriazione, appropriazione del potere e appropriazione dei suoi strumenti - mass-media ed industrie - attraverso l'esaltazione dei medesimi e grazie alla stessa forza appropriativa del linguaggio, in quanto modellato sui nuovi mezzi di produzione e di comunicazione, e potenzialmente massificante.

Abbiamo detto anche che il dadaismo francese scarterà questa possibilità, operando un ribaltamento, dall'apertura "democratica" e mobilitante del futurismo, ad una chiusura "aristocratica" che rifiuta il modello dei mass-media e delle nuove merci per calare nel linguaggio della protesta, reso ermetico, sofistico e oscurante, contenuti di nostalgia pre-capitalistica.

Alla riappropriazione dei mass-media puntano invece di nuovo e significativamente (dopo la pop art, l'*underground* e le neo-avanguardie) i linguaggi e i comportamenti del "movimento". E vi puntano con una messa a fuoco lucidamente discriminante, benché incapace di superare la contraddizione.

Nell'accezione di Bifo, in effetti, i "mezzi elettrici di comunicazione" non sono genericamente la TV e la radio, bensì i video-nastri e le libere radio e televisioni, cioè i mezzi elettrici gestiti dalle avanguardie (*prima* artistico-comportamentali e poi politiche o meglio 'globalizzanti': ricordiamo la mostra Gennaio '70 che ebbe luogo proprio a Bologna) o che è lo stesso o dovrebbe essere lo stesso, come comunicazione "da tutti verso tutti" (anche qui ricordiamo che l'uso di "mettere a disposizione" lo strumento comunicativo, sia pure in forme meramente emblematiche, è stato introdotto proprio in sede di mostre neo-avanguardistiche). Ed è superfluo aggiungere che anche questa fondamentale volontà di appropriazione serve a marcare le necessarie distinzioni tra comportamenti, che siano investiti di una consapevolezza del proprio 'avanguardismo', sia pure e anzi proprio di massa, nel senso di un'intersoggettività attiva e intensiva; e comportamenti invece dipendenti da una diffusione e rielaborazione meramente consumistica di linguaggi 'giovanili', solo passivamente assonanti con le avanguardie *up* e *underground*.

Nel primo caso peraltro, all'appropriazione dei mass-media è simultanea la stessa appropriazione critica della cultura d'avanguardia, secondo una corrispondenza che sembra operante, torniamo a dire, fin dall'origine.

"Quando telefonate anonime", scrive Eco nel suo intervento del 1° maggio, "trasformano una trasmissione di Radio Alice in un discorso privo di protagonista, quanti tra coloro che partecipano alla formazione di questa madrepora sanno che la metafora di Alice viene dalla *Logica del senso* di Deleuze, che affermava: 'Quando gli aggettivi e i sostantivi cominciano a fondersi, quando i nomi che designano sosta e stato di quiete sono trascinati dai verbi di puro divenire e scivolano nel linguaggio degli eventi, si perde ogni identità per l'Io, il mondo e Dio?'"

È vero, ma quanti hanno riflettuto sulla precedenza di queste affermazioni di Marinetti, che, come abbiam visto, collegava proprio le "parole in libertà" e i nuovi mezzi di comunicazione?: "I diversi modi e tempi del verbo esprimono [...] delle soste [...]. Il verbo all'infinito esprime l'ottimismo stesso, la generosità assoluta e la follia del Divenire. Quando io dico: *correre*, qual è il soggetto di questo verbo? Tutti e tutto" (dal Manifesto futurista *Lo splendore geometrico*, del 1914); "Si deve usare il verbo all'infinito, perché si adatti elasticamente al sostantivo e non lo sottoponga all'*io* dello scrittore che osserva e immagina. Il verbo all'infinito può, solo, dare il senso della continuità della vita [...]. L'aggettivo avendo in sé un carattere di sfumatura, è incompatibile con la nostra visione dinamica, poiché suppone una sosta, una meditazione [...]. Bisogna fondere direttamente l'oggetto coll'immagine che esso evoca [...]. Essendo soppressi gli aggettivi, gli avverbi e le congiunzioni, la punteggiatura è naturalmente annullata, nella continuità varia di uno stile *vivo*, che si crea da sé, senza le soste assurde delle virgole e dei punti [...]. Distruggere nella letteratura l'*io* [...] intuizioni profonde della vita congiunte l'una all'altra, parola per parola, secondo il loro nascere illogico [...]. Liberazione delle parole, ali spiegate dell'immaginazione" (dal Manifesto della letteratura futurista, 1912).

Lo spazio in cui (quello dei mass-media) le possibilità e i modi del consumo e della "rivoluzione" convergono o si intrecciano, è dunque lo stesso in cui le logiche tradizionali si infrangono e l'illogicità, la schizofrenia e l'immaginazione contrattaccano, in cui premono nuovi desideri e nuove richieste di potere. Le "parole in libertà" sono già infatti scrittura del desiderio e della merce, della "rivoluzione" e del consumo.

È lo spazio della comunicazione orizzontale e quindi dell'*immaginazione orizzontale* ("senza fili") che è immaginazione del desiderio, e del divenire senza soste come desiderio inesausto, che procede "analogicamente": in contrapposto all'immaginazione verticale del mito che implica catarsi, metafora, sublimazione, gerarchia, limite, sosta; ed è lo spazio in cui la produzione (e l'informazione) vengono incontro inesauste e illusive al desiderio senza soste.

Ma l'oggetto-merce, come la parola che più che esprimerlo lo ghermisce, non è più l'emergenza di un processo lavorativo o sintattico, cui l'oggetto o la parola siano visibilmente ancorati; è relitto fluttuante e moltiplicato, "all'infinito", soltanto "dato" e ripetuto. Non sono io, non sei tu a doverlo produrre, ma è l'"altro", lo Stato padre e macchina, l'"altra società", quella da distruggere e rapinare come qualsiasi cattivo e avaro padre, da usare e consumare come qualsiasi macchina, odiata e indispensabile.

Come lo psichiatrizzato non chiede, secondo il precetto trasgressivo, di essere normalizzato, ma di poter dar corso ai propri bisogni e desideri trasgressivi, così l'emarginato per disoccupazione, nella visione bifiana. "La categoria di disoccupato non ha più senso col livello attuale di forza del movimento [...]. L'unico modo di cambiare modello di sviluppo è lavorare meno in qualunque modo possibile" (dal citato *A/traverso*). Questo modo dovrebb'essere l'automazione, ma non interessa tanto l'utopica e almeno a breve termine impossibile risoluzione del problema, quanto l'attualità dell'istanza "impossibile", come attualità culturale, che vede dunque, in ultima analisi, una notevole convergenza delle aspirazioni e delle condizioni impossibili di un certo tipo di artista e di intellettuale, del disoccupato-emarginato e del folle: cioè i nuovi protagonisti dell'immaginazione scarnificata nel desiderio.

Così la disoccupazione tenderebbe non già ad annullarsi nel lavoro, ma, letteralmente, a ribaltarsi nel tempo libero. In questa riduzione parassitaria dei termini del problema certo si riflette e si denuncia - con maggior virulenza che in qualsiasi avanguardia - la matrice più profonda della contraddizione: la contraddizione ormai "insopportabile" che spiega e motiva il punto di tensione "impossibile" dell'istanza culturale: la contraddizione del sistema, che cerca uno sfocio e insieme una compensazione alla produttività, al lavoro alienante e non gratificante, nell'esasperazione snaturante e nella moltiplicazione consumistica dei desideri. Il desiderio snaturato nel consumismo è una conseguenza del lavoro snaturato nell'alienazione. E il rifiuto dei "desideranti" visibilmente confonde il lavoro con la sua alienazione.

Non che sia lecito liquidare gli spaventosi problemi della disoccupazione e dell'emarginazione (e le gravissime responsabilità sociali) con una semplicistica accusa di rifiuto del lavoro, ma questo rifiuto (teorico perché solo teorica è l'offerta) affiora proprio e spero solo ai livelli borghesi ed intellettuali del "movimento", e direi come paradosso estetizzante dell'area "creativa": dove la "creatività" si proponga insomma come modello contrapposto al lavoro.

Chi non ha lavoro e chi è costretto ad un lavoro "improduttivo" si incontrano e si identificano, come due resti, come già Nietzsche, Van Gogh, Nerval, Rimbaud, Artaud nella follia o ai suoi limiti. Ma chi rifiuti l'ipotesi del lavoro sottrae all'immaginazione il suo stesso punto di approdo e propone un modello di sviluppo diametralmente opposto a quello dell'arte, la cui caratteristica è proprio l'incontro problematico tra immaginazione e lavoro: senza il quale, invece, l'immaginazione resta *rêverie* e il lavoro può essere evento alienante da scongiurare.

La verifica si ha nei discutibili esiti della vocazione 'creativa' del "movimento", laddove punta (e soprattutto nell'area bifiana e bolognese) ad un riuso e riciclaggio dei linguaggi dell'avanguardia, senza l'energia di riplasmarli. Proprio nei momenti esteticamente più ambiziosi, la capacità produttiva del "movimento" risulta poco più che raffinata, e sostanzialmente deludente, benché avanzata nella sua teorica volontà di autodeterminazione e nelle sue forme collettive ed intersoggettive.

Qui rientrerebbero dunque in causa, a forza, quei 'valori espressivi' che avevamo detto di voler accantonare. Non è forse su questo terreno che l'intellettuale-artista (improduttivo relativamente al sistema di produzione, ma produttivo in assoluto, per l'appunto di 'valori') e il puro emarginato si differenziano? Ma questo rischia di restare lo scarto tra le avanguardie e il "movimento". Le prime producono segni estetici che come tali si aprono a qualcosa di più di quel che strettamente 'significano', anche in quanto prodotti di un lavoro che rivendica la propria specificità ed utilità, il secondo produce segni politici che potrebbero essere solo o quasi di crisi (non per sua colpa).

Tuttavia, assorbendo ogni succo politico e ideologico delle avanguardie, sottrae ogni humus o linfa ai valori estetici delle avanguardie stesse, ovvero ne paralizza gli sviluppi, che potranno essere - se saranno - solo 'oltre' l'ideologia stessa dell'avanguardia. La creatività delle avanguardie, elaborazione linguistica innovativa, troverebbe così il suo esito di crisi nella creatività riflessa e passiva del "movimento", che applicando un linguaggio già dato al puro bisogno espressivo, denuncia implicitamente l'inutilità dell'elaborazione.

Se questo fosse vero in assoluto, la convergenza avanguardie -"movimento" fallirebbe proprio nell'indicazione positiva che si sperava potesse scaturirne, vale a dire nell'assimilazione qualitativa dell'estetico al politico. Resta il progetto, viene meno l'effettiva connessione, e nello spazio della scollatura possono tornare a premere l'idealismo e la reazione, sia estetica sia politica.

Saggio pubblicato nel volume *Avanguardia di massa*,
Giangiacomo Feltrinelli Editore, Milano 1978 [*n.d.r.*].

Kassel o gli indiani?

Maurizio Calvesi

L'analisi che Ferrarotti fa delle ben note accuse di repressione può estendersi al boicottaggio straniero, reale o presunto, delle avanguardie italiane (storiche e "neo")? "C'è un nazionalismo di fondo in ogni intellettuale francese, anche nel più aperto", ha scritto Ferrarotti, "che non sembra consentire alcun riconoscimento ad altri quando è in gioco la leadership intellettuale". Dopo la "scoperta" di Gramsci e il successo dell'eurocomunismo non poteva mancare una reazione, intesa "a risarcire, per così dire, gli intellettuali francesi della debolezza in cui per un attimo erano caduti pensando che qualche cosa di buono potesse venire dall'Italia".

Sono la montatura e l'esagerazione, dice in sostanza Ferrarotti, a tradire una radice di ripicca, in realtà il problema sarebbe in termini più sottili, e qui, dopo l'elogio degli italiani, Ferrarotti fa quello dell'intellettuale che-non-si-piega-al-potere (salvo che al proprio).

C'è senz'altro della verità in questa analisi, anche se parzialissima e in sé gracile, ma non per questo meno vera e probabilmente *non separabile* da altre motivazioni più nobilmente speculative, se risultasse vero, come sospetto, che tutte e spesso sono riconducibili anche ad una volontà di potenza e di potere dell'intellettuale: riconducibili ma non riducibili, perché la spinta egoista si allea con spinte ben più determinanti che vengono dalla realtà.

È evidente, voglio dire, che le teorie del desiderio e la schizo-analisi di Guattari non possono che ravvisare in qualsiasi aula della legge un manicomio, a prescindere dalla strumentazione pubblicitaria e anti-italiana; tuttavia c'è anche questa, e c'è forse di più e di più sottile: le accuse di repressione possono aver lo scopo di suscitare la repressione, elevando la protesta a provocazione e portandola a livelli sragionanti, perché la profezia si avveri in negativo e in positivo. Ecco allora, per rientrare nel nostro angolino, Breton che prende a pugni De Chirico, lo dichiara defunto, ottenendo così che il tentennamento del malcapitato precursore del surrealismo diventi risoluzione animata dall'odio e che egli retroceda nella reazione. Duchamp (ora si è saputo) frequentò la mostra futurista del 1912 a Parigi; ma poi disse di non averla vista, contribuì all'irrisione di quei meschini provincialotti che, anche perché non trovarono lo spazio fuori, si barricarono nella polemica nazionalista contro il resto del mondo e vi asfissiarono.

Non si tratta e non si trattò, in realtà, di ingenui risentimenti patriottici né di Guattari né di Breton, ma (anche) di giochi di potere culturale: che come tali non hanno luogo e corso solo in Francia, ma ovunque il potere culturale (che è poi anche potere di mercato, artistico o editoriale) sia ben consolidato e si rifiuti di essere diluito e compartecipato.

Qui allora una prima morale: non cadere nel tranello. Cioè intanto, non snobbare provincialisticamente le idee di Guattari o di Foucault, ma farci i conti, digerirle, assimilarle; oppure (suggerirei ad Isgrò, che ne ha parlato a proposito di Kassel) non gettare a mare le trascorse neo-avanguardie americane e tutta la cultura *underground* con cui sono inestricabilmente connesse, né quelle italiane che sarebbero colpevoli appunto di aver fatto i conti con questa imponente fenomenologia.

Assimilare per superare, inserirsi in una dialettica senza frontiere, pur consapevoli della propria realtà; e qui forse il discorso sulle avanguardie si salda con quello su Guattari, che è il vero "concorrente", non Kassel; giacché ormai gli esiti ulteriori delle avanguardie non sono ipotizzabili che in una direzione di massa e politicamente incidente, e, piaccia o no, le ultime non sono venute da Kassel ma, con il loro neoavanguardismo tra manieristico e goliardico e tuttavia sperimentato in una concreta ipotesi antiprofessionale e intersoggettiva, da quegli sciagurati degli indiani metropolitani. Non con i lasciapassare che hanno rilasciato alla violenza, ma nella misura in cui hanno "espresso" una realtà, che per quanto scomoda è una realtà (ed è essa ad intralciarci, prima di chi la esprime).

Quando avremo fatto i conti (quanti conti da fare!) anche con questa realtà, se vi riusciremo, quando e se saremo riusciti a scongiurare le confluenze nel neo-squadrismo di questo neo-futur-dadaismo di massa, cioè ancora ad assimilarlo e superarlo, potremo forse, come facciamo con i futuristi, che furono insieme un bene e un male, disquisire accademicamente persino sulle priorità tra "indiani" e *Punk Rockers*.

Testo pubblicato con il titolo redazionale *Non è Kassel la vera concorrenza*, in *Corriere della Sera*, 11 settembre 1977. Poi nel volume *Avanguardia di massa*, Giangiacomo Feltrinelli Editore, Milano 1978 [*n.d.r.*].

Le sei immagini riprodotte di seguito furono scelte da Maurizio Calvesi per illustrare il lungo saggio *Avanguardia di massa*, che dava il titolo alla raccolta di contributi critici edita nel 1978 presso Giangiacomo Feltrinelli Editore.

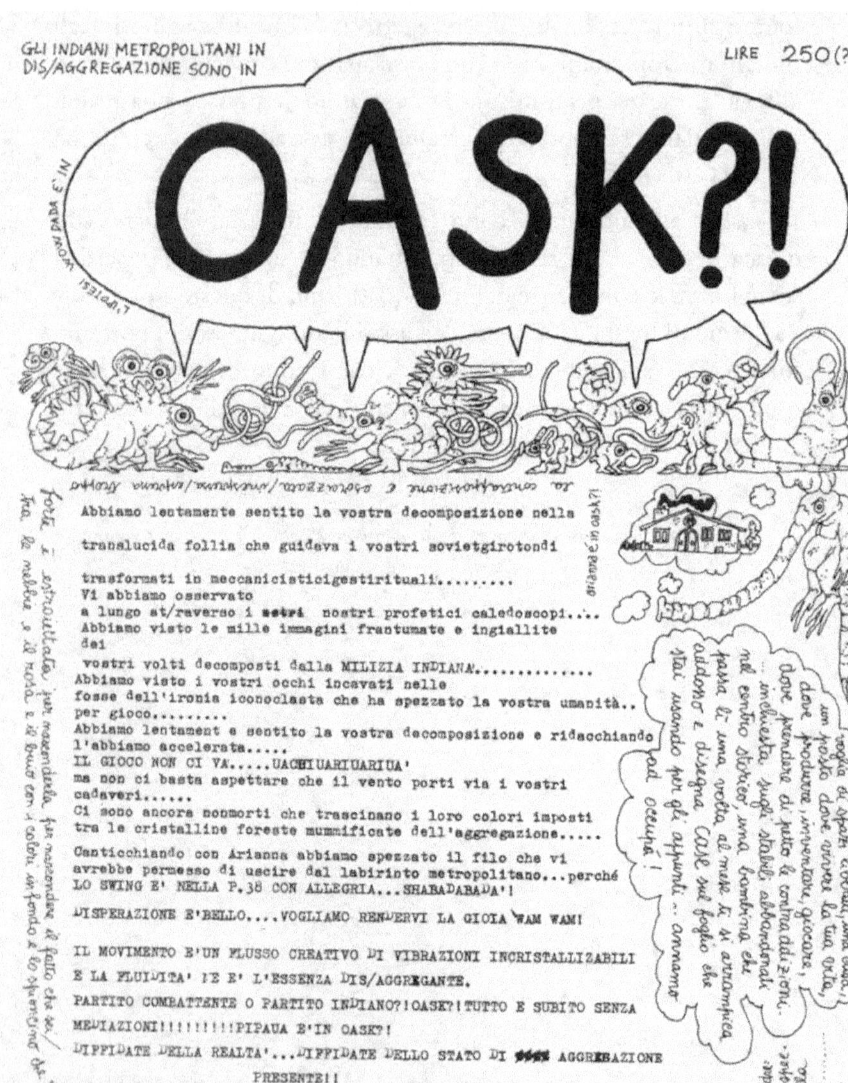

Oask?!, Roma, 1977. Fanzina disegnata da Pablo Echaurren

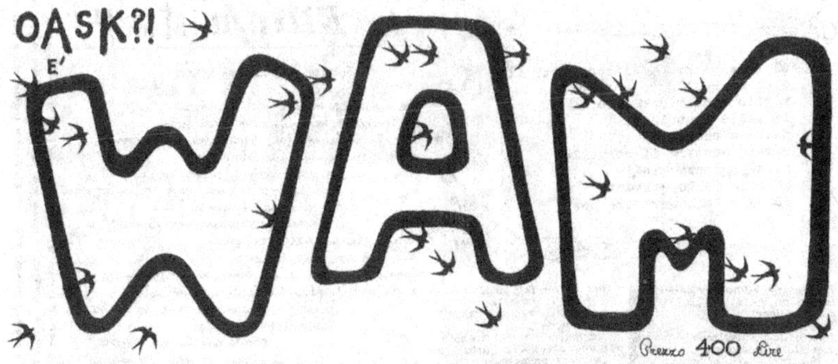

Strani bagliori si disegnano nel cielo...sinistri lampi accecano la menti dei semplici:tempeste magnetiche si preannunciano?Forse l'Ignoto sta definitivamente frantumando lo Specchio?Questi sono giorni decisivi......PER NOI IL TEMPO SCORRE VELOCISSIMO...OGNI GIORNO ANNI LUCE,IL DESIDERIO HA SCONVOLTO L'ORDINE CODIFICATO DI ESISTENZA.

Chiedete chiedete,pensate pensate ma non vi aiutano le vostre coscienze autoblindate?

Dall'esilio vi diciamo:provate per un attimo ad essere inconscenti,a farvi a/traversare da WAM; provate a finalizzare a se stesso il fatto,provate a meravigliarvi di tutto ciò che é abituale e normale per voi.

Ma forse é troppo tardi?Dietro lo Specchio vediamo che il fascino paranoico del potere vi rende ansiosi della realtà.Stupenda mutazione antropologica,provate a specchiarvi:pensate di essere indivisibili e siete indi visibili.

QUISQUILIE,BAZZECCOLE,PIZZELLACCHERE,Totò dove sei? (ciao Dario,OH!)

Le file aliene si ingrossano quale fiume in piena... qualcuno muove i primi passi timidamente squagliando la cioccolata nell'area della marginalità dis/organizzata e noi ,generosi,gli susurriamo:ancora uno sforzo...disgregazione é bello,WAM vivida macchin/azione per liberare il Desiderio.

Ci sarà ancora posto sul vascello fantasma? WAM é una   strega che s'aggira nell'etere.. WAM é disgregazione.Mentre scrivo queste righe vedo già i bagliori dei vascelli alieni sulla via dell'esilio SIAMO FORSE DIRETTI VERSO MONDI IPERSENSORIALI? Lampi nel cielo,siamo già invisibili..presto il fatto sconvolgerà mille fogli.

Perché WAM e pront..a scommettere con le vostre coscenze che un giorno vale mille anni luce...perché WAM é inconscio,WAM é movimento sur/reale che a/traverso gli ordini separati di esistenza ricomponendo l'essere nel delirio dell'inconscio. WAM é momltiplicazione delle contraddisioni...

WAM é eversione perché irriconoscibile ai codici.. WAM é scommetto,tempo liberato che distrugge l'ordine separato di esistenza.WAM é testo in movimento, scrittura che cerca di muoversi nella separatezza dell'arte.WAM é DADA,WAM é una strega.WAM urla, teorizza,crea,delira,si strugge,distrugge;WAM é simpatia per la liberazione(Bifo,OH!)marginalità, esilio,autonomia,WAm é divenire perfettissimo.

Chiamiamo WAM il marginato sensuale che ignora i bisogni in quanto pratica di liberazione e moltiplicazione dei Desideri.

WAm é lo spettro della disgregazione che vi soffia tra i capelli,WAM sono io.

Fuori dal tempo vivide aurore si disegnano nell'etere: i Vascelli Alieni sono già oltre il presente.....

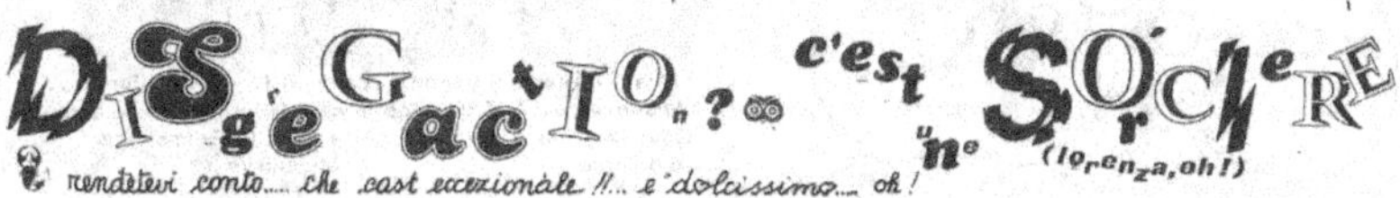

Wam, Roma, 1977. Fanzina disegnata da Pablo Echaurren

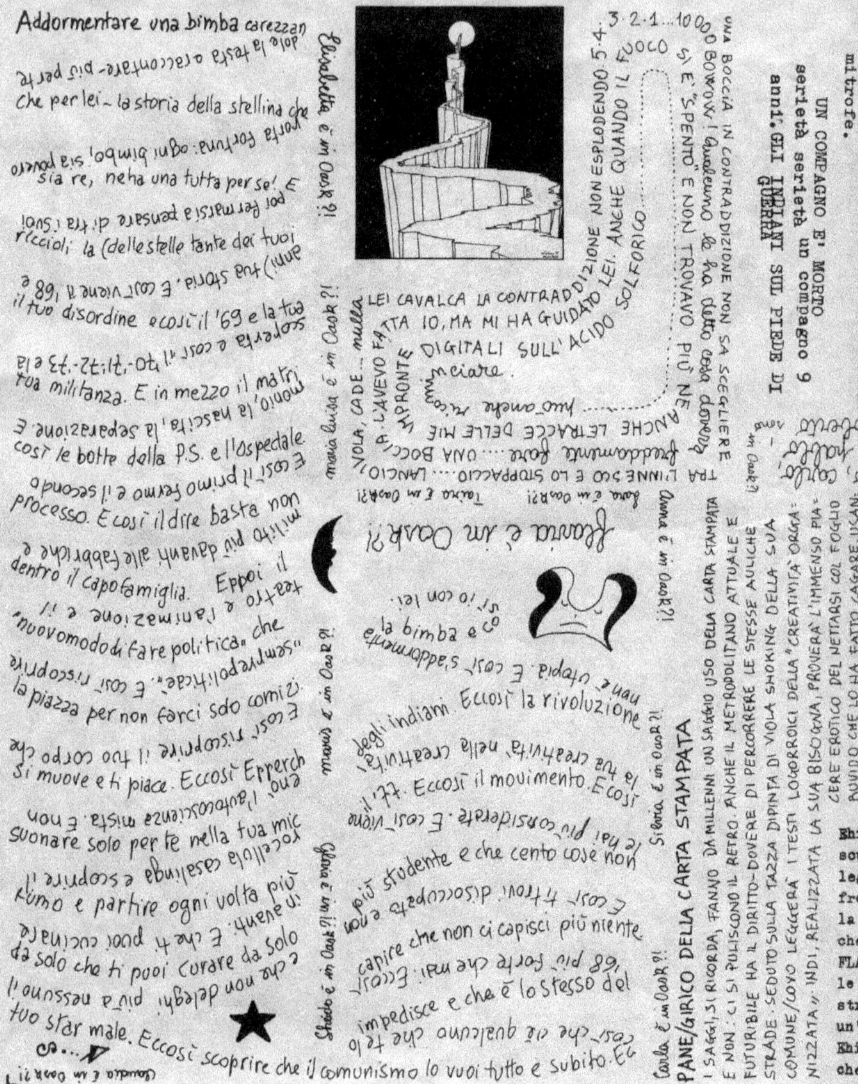

Una pagina di *Oask?!*

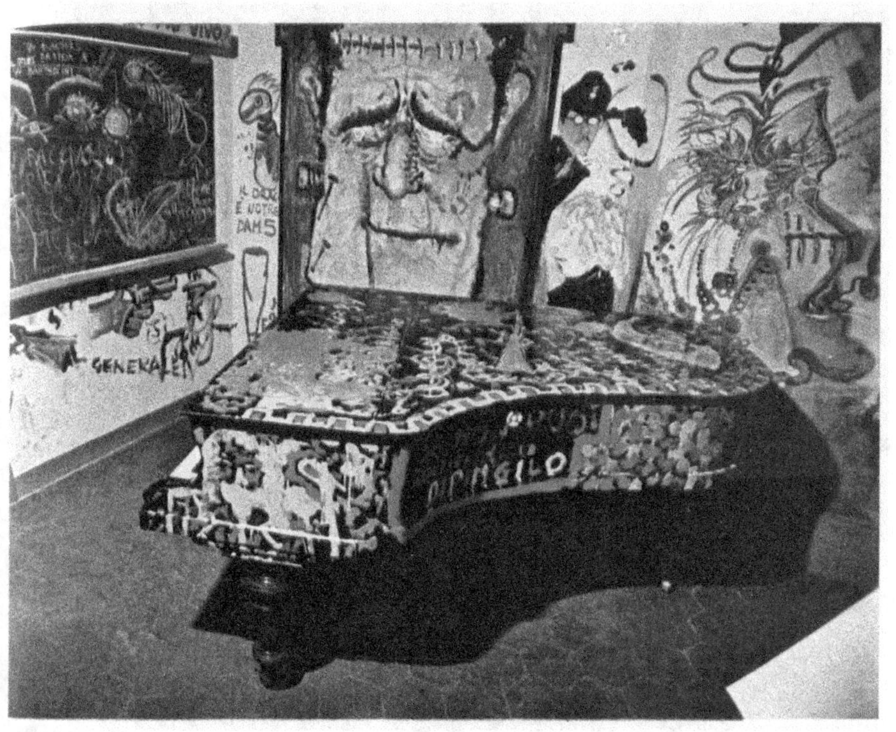

Un'immagine della primavera '77 nell'università di Bologna

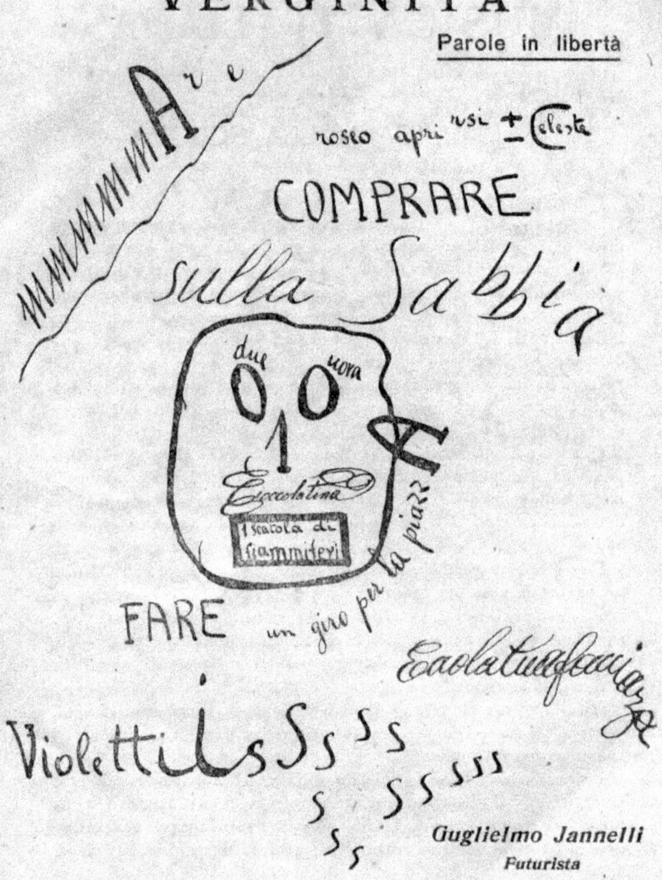

Guglielmo Jannelli, tavola parolibera futurista, *La Balza*, Messina, 12 maggio 1915

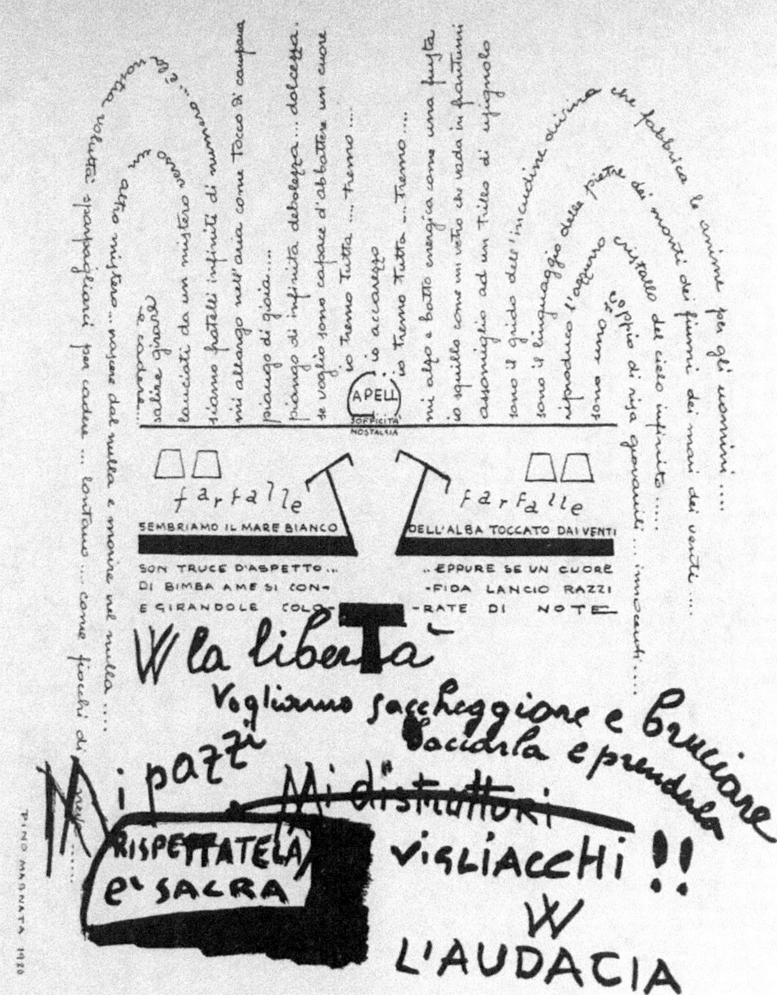

Pino Masnata, tavola parolibera futurista, 1920

Vent'anni dopo

Maurizio Calvesi

Rivisitare a distanza di venti anni il fenomeno degli indiani metropolitani costituisce un'intelligente iniziativa che ospitiamo con vivo piacere e interesse nel Museo Laboratorio. Nel 1978 scrissi un saggio che trattava di questo e che intitolai *Avanguardia di massa*, espressione che voleva essere solo apparentemente paradossale (e come puro paradosso fu presa da principio, entrando però poi nell'uso), nel registrare un'effettiva diffusione di linguaggi e atteggiamenti delle avanguardie, uno dei cui segnali mi sembrava di cogliere appunto nella produzione del "movimento".

Lo scritto, a rileggerlo, mi appare fin troppo lungo ma indubbiamente argomentato, nel sostenere in sostanza, tra l'altro, la tesi che gli echi di formule avanguardistiche riscontrabili in quella produzione non erano indiretti o mediati, quasi involontari come pensavano i più, ma attinti a una conoscenza dei testi: del dadaismo o del surrealismo, o persino di quel futurismo che allora era ancora considerato, da molti, una abietta forma di fascismo; notavo anche, a riprova, un parallelismo con la scrittura di un "professionista" della sperimentazione segnico-visuale come Luca Patella. In altre parole, volevo interrogare i "rapporti intercorrenti tra i prodotti e le aspirazioni delle avanguardie e gli esiti di protesta giovanile e (o) di creatività collettiva, e (o) di modificazione del 'comportamento' collettivo". Concludevo che il movimento degli indiani, "assorbendo ogni succo politico e ideologico delle avanguardie, sottrae ogni humus o linfa ai valori estetici delle avanguardie stesse, ovvero ne paralizza gli sviluppi, che potranno essere - se saranno - solo 'oltre' l'ideologia stessa dell'avanguardia".

Per me, che avevo attentamente seguito le vicende e gli sviluppi delle neo-avanguardie, era questa la considerazione saliente, a cui mi sembra che il seguito degli avvenimenti non abbia dato torto: data proprio da allora una certa situazione di "stallo", che ha visto la fine di un processo evoluzionistico delle avanguardie e il tramonto della loro ideologia, appunto, di "guida in divenire" della società, con l'aprirsi a ventaglio di momenti anche ripetitivi che confluiscono a pari titolo di altri fino al panorama attuale, senza la prepotente e trainante esclusività di alcune "tendenze" del passato.

In qualche modo quindi l'apparizione degli indiani metropolitani fu un fatto epocale, destinato a deviare una cultura già in via di esaurimento e così metabolizzata nell'azione, dai binari dell'arte a quelli della vita e del consumo esistenziale, con un impatto di dissoluzione.

Quanto alla questione "tecnica" delle fonti culturali degli indiani, delle loro scritture e del loro immaginario della trasgressione, i dati che apporteranno la mostra e il dibattito potranno essere chiarificatori. Ora sappiamo che autore di gran parte dei materiali grafici pubblicati sulle riviste soprattutto romane del "movimento" era un artista: Pablo Echaurren, che in seguito ha manifestato un vivo e vitale interesse per il futurismo, con la produzione, anche, di un bellissimo racconto a fumetti dedicato alla vita di Marinetti.

Testo pubblicato nel catalogo della mostra *Oltreconfine. Indiani metropolitani, maodadaisti e altri avventuristi a Roma*, Museo Laboratorio di Arte Contemporanea, Università degli Studi di Roma "La Sapienza", Joyce & Co., Roma 1998 [*n.d.r.*]

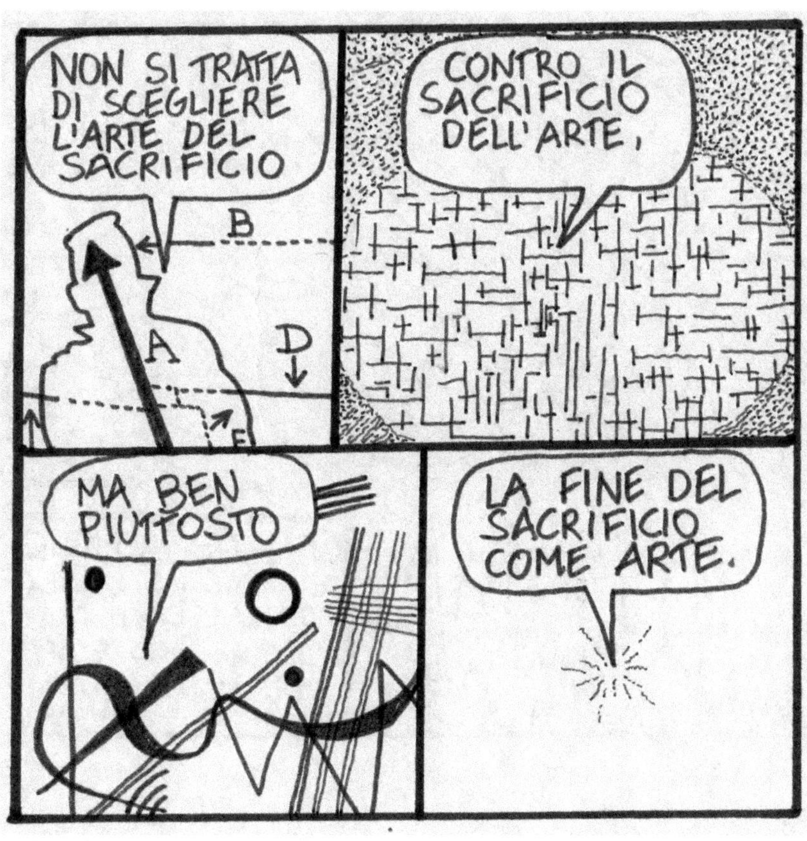

Pablo Echaurren, disegno pubblicato su *Lotta Continua*, 31 gennaio 1978

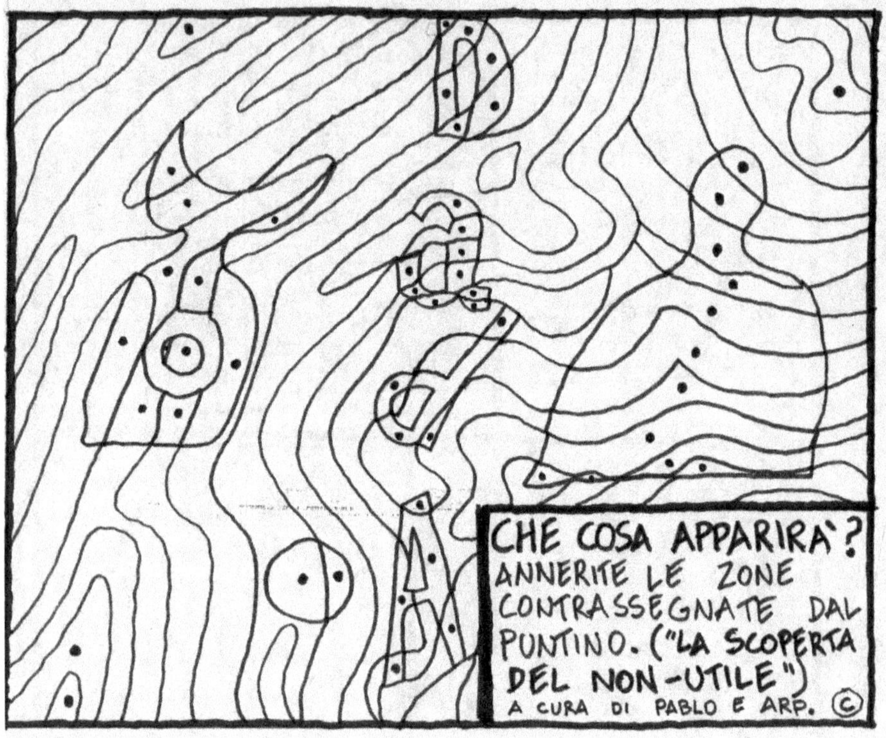

Pablo Echaurren, disegno pubblicato su *Lotta Continua*, 10 gennaio 1978

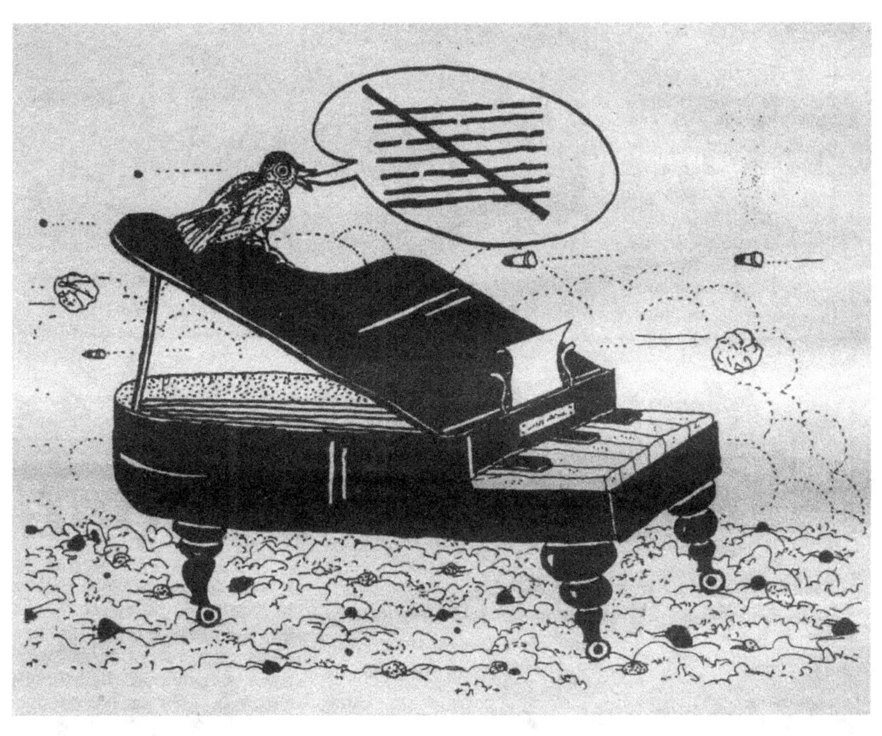

Pablo Echaurren, disegno pubblicato su *Lotta Continua*, 15 luglio 1977

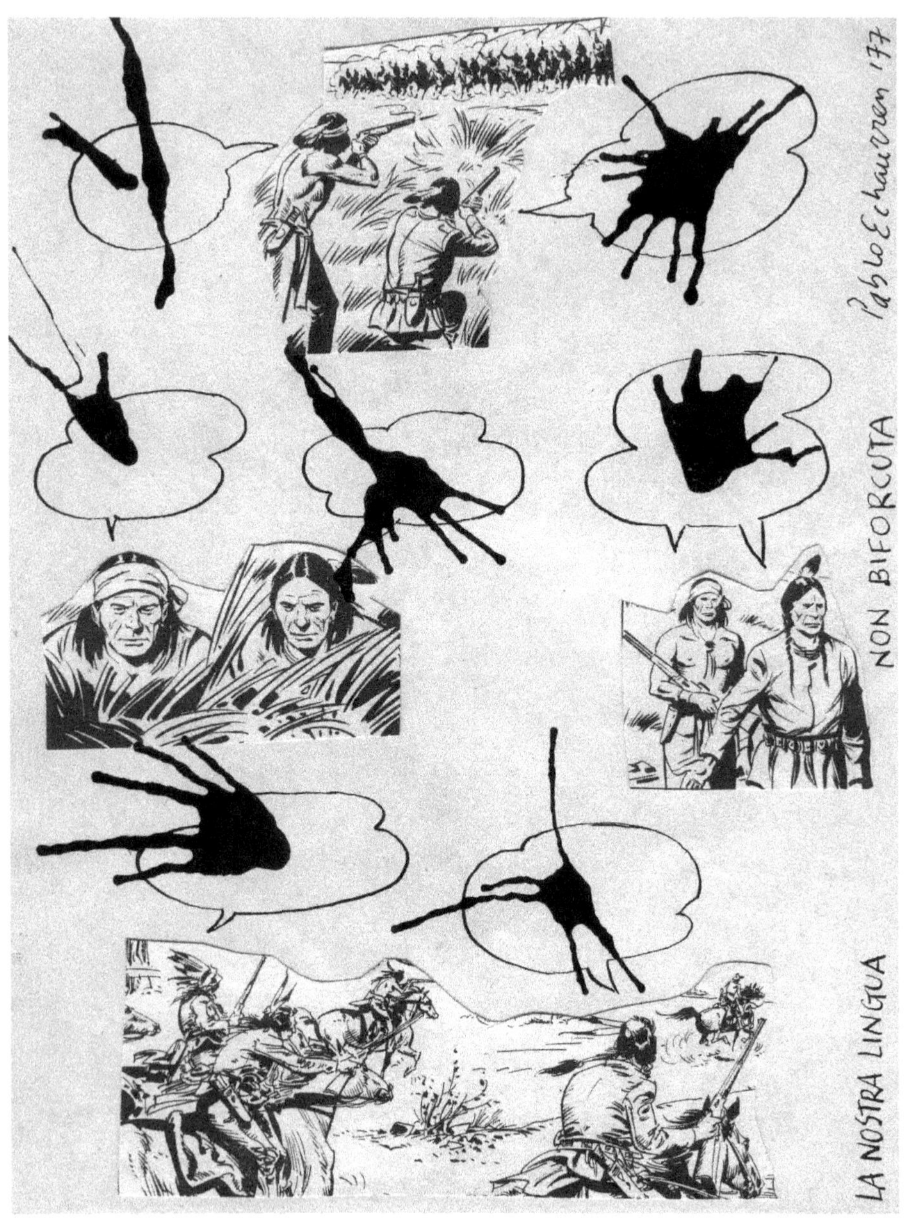

Pablo Echaurren, *La nostra lingua non biforcuta*, china e collage, 1977

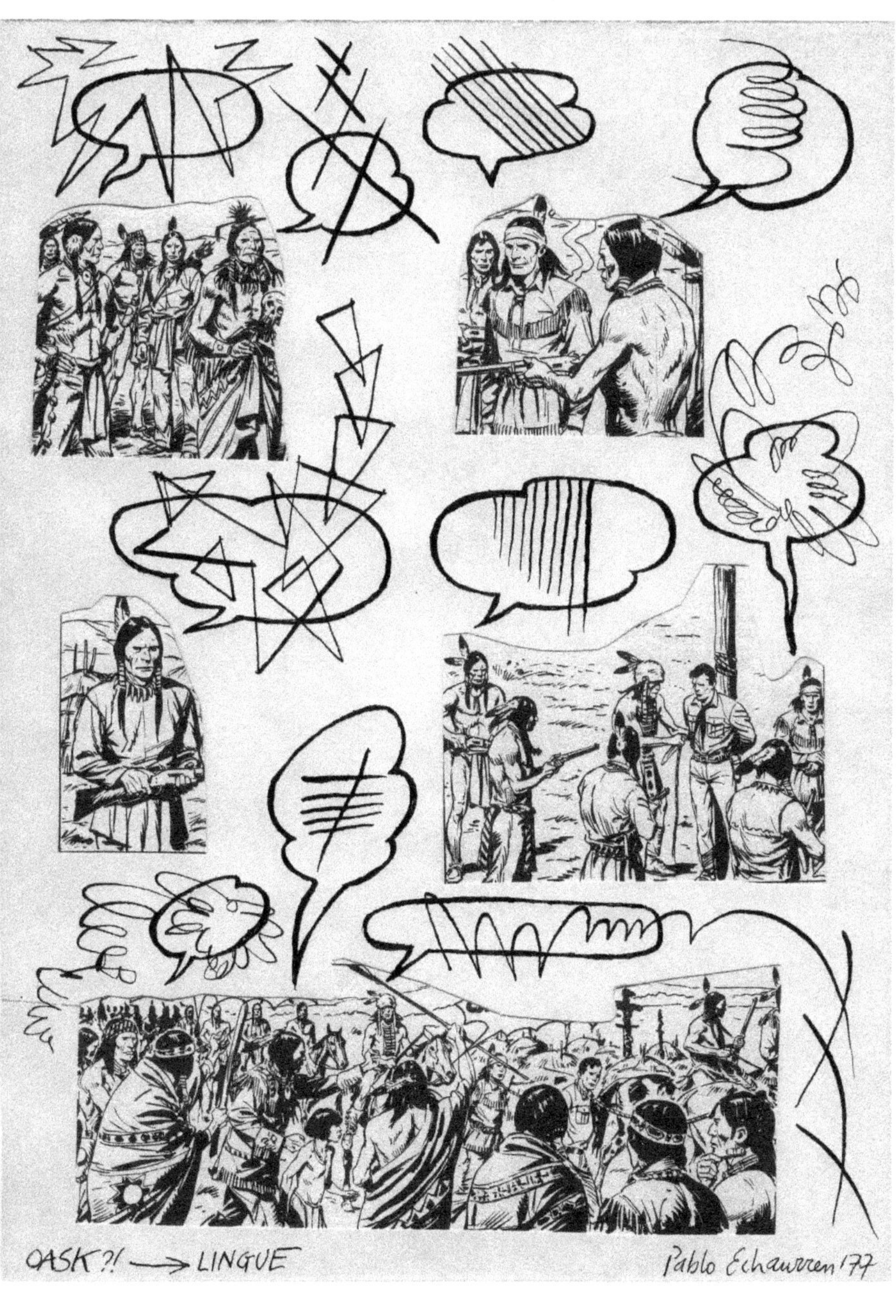

Pablo Echaurren, *Oask?! – Lingue*, 1977, china e collage

liberta' per i
compagni arre
stati per aver
diffuso quest
o volantino

collettivo rizoma

Collettivo Rizoma [Pablo Echaurren e Maurizio Gabbianelli], volantino, Roma, 1977

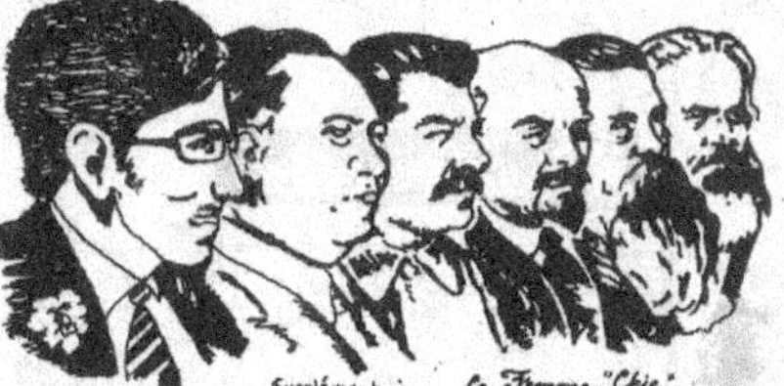

Parlare di sestessi era ormai vissuto,la nostra delegazione aveva perso ogni necessità dis/aggregante nel VIOLA del ma re milanese.Essi sfilavano..ma la sensazione distruggente

era più forte.Il vento li dis/aggregò con il movimento reale.TEAROOM,THC la scissione era necessaria.

Arianna ci amava tendendoci il filo.
Per dilettarsi,sovente le ciurme catturano degli Albatri, marini grandi uccelli che seguono,indomiti compagni di viaggio,il bastimento che scivolando va sui mari abissi, mentre il di/rettore responsabile di LC,sig.MT (o THC?) comunicava al nostro agente entrista la sua espulsione per complotto,ci siamo sdraiati sogmecchiando il leone di san marco...il telegramma della CCC della quintainternazionale ci rese ancora più sicuri:"Da questo cielo livido e bizzar rro straziato come il tuo destino,quali pensieri dentro l'anima tua vuota discendono?Rispondi Liberty/no.."
E'fatta...Alice continua a meravigliarsie noi ad amarla perdendoci nell'oceano del Desiderio
Alla corte dei Cremisi corvi é bello e ci da la sens/azione che la RIVOLUZIONE E'FATTA!
PARTITO? i pud di grano assiepano i vostri prossimi mille piani quinquennali mentre il nostro s/partito legge/suona già la melodia per alice paoletta

VEDETE QUINDI CHE UN KISS AL LIMONE VALE BEN PIU' di una BREST LITOVSK!!

SAPPIAMO CHE COMINCIATE AD ODIARCI perché vi stavate ri/aggre gando e NOI, S/PERDUTI DALLO SWING DI PAT BOONE CI SIAMO AMATI LUNGO I VIALI DELL'INCONTRO CASUALE.

Lemons never forget...s/partito sarà per dis/fare il treno

s/blindato che s/filava anonimamente il filo di sherling.Forse ora smetterete di capir/la...forse ora smetterete di cercar/la....lalà....PAOLA E'NELL'ETERE..
MERAVIGLIATEVI,e noi sciocchi che vi chiediamo questo, L'INTERNAZIONALE SCHIZOFRENICA ?ADERENDO ALLA 5uinta, ci comunica tutto il suo appoggio combattente,mentre gli
¡CAO sono ri/decomposti in OASK?!Distruggersi é bello!
e noi che ci stiamo di/STRUGGENDO per Paoletta
ci facciamo sussurrare dagli Elfi del Bosco di Fangorw l'ultimora dei cadaveri dell'ultima spiaggia che non piangono ne ridono ne capiscono più.
L/ATTO COMIUTA ci/urla ESPULSIONE....
e noi,ridendo della vostra angoscia vi rispondiamo...
Es/PULSAZIONE,perché il nostro cuore batte lisergico per/con paolettanel labirinto del desiderio.....
perché anche se il vostro cadavere ci pen/TZOLA davanti ostentando emarginazione,E' troppo tardi!
Da troppo tempo siamo usciti da VOI.
potreste ordire un complotto......
MA LE NOSTRE MILIZIE LAVORANO GIA'PER IL SABBA......

NOTTE DI DESIDERIO.....PAOLETTA...DIMMI CHE VERRAI,OH!

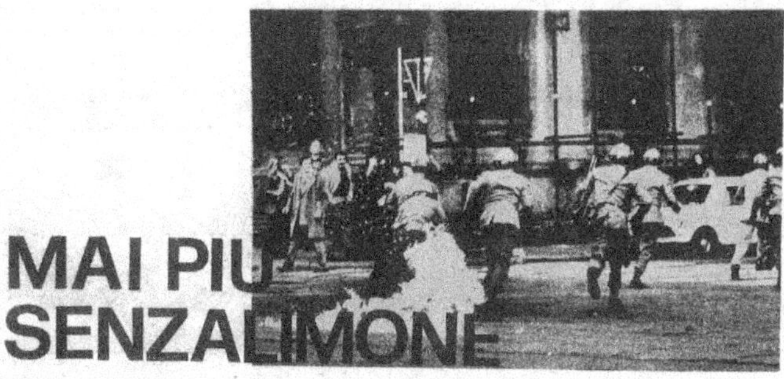

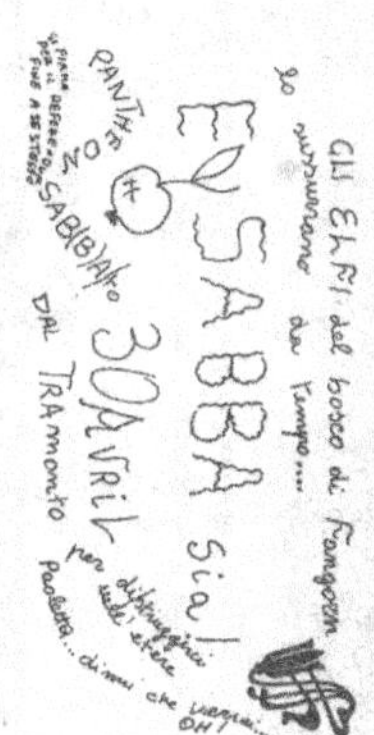

Abat-jour, Roma, 21 aprile 1977. Fanzina disegnata da Pablo Echaurren

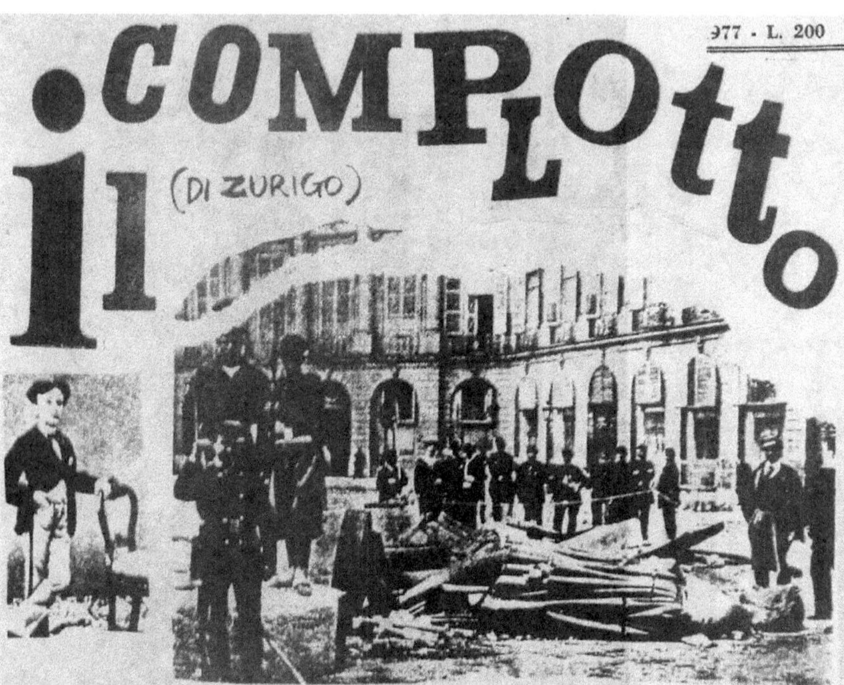

[Pablo Echaurren e Maurizio Gabbianelli], *Il complotto (di Zurigo)*, Roma, 1977

lire 300

*Decine di dispersi
la decisione
presa è : Altrove*

MATERIALI

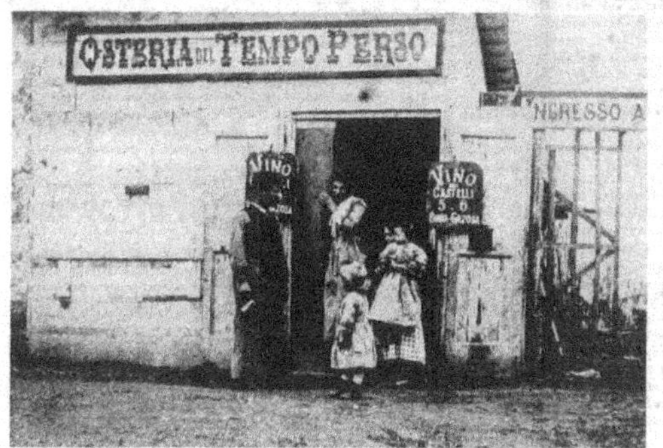

PER L'AUTONOMIA

In un bar noioso,dove la gente si strugge e si avvilisce,un giovane uomo ubriacospezza il suo bicchiere,afferra una bottiglia e la fracassa contro un muro.Nessuno si muove;deluso nella sua aspettativa,egli si lascia buttare fuori. Comunque egli sa che bisognerà ricominciare su un altro tono,con maggiore forza;con maggior "coerenza".

dissolvenza

Ancora una volta la Politica si rappresenta come un territorio nel quale è impossibile comprendere la pratica delle fughe,dei comportamenti di autonomia,in quanto irriducibili a progetto di univocizzazione della realtà. Terreno illusorio,quindi,che contrappone la propria unicellularità alla molteplicità delle separazioni. In questo modo la Politica è uno spazio in cui si predeterminano i comportamenti dei soggetti costringendoli ad un adeguamento ad una realtà parziale,totalizzante nella sua parzialità,alienandoli. Ancora una volta il cielo si allontana dalla terra.

Una vecchia storia che siamo costretti a riprendere;il bisogno di saltare i gradini di un processo che viene dato per naturale,che fossilizza la realtà e ne impedisce la produzione e che vede la Politica come unico mezzo di trasformazione,mentre sappiamo bene quante sono le caselle lasciate aperte dai microcomportamenti,spazi che non possono di certo essere riempiti da un'illusoria rappresentazione immaginaria.

Eppure oggi siamo ancora qui:restaurazione della Politica e delle sue forme come luogo deputato alla discussione e alla determinazione di linee di tendenza,omologazione di tutti i comportamenti ad un unico,dato come ineluttabile in quanto dipendente dallo"stato presente delle cose".

Ebbene pensiamo invece che lo stato presente delle cose non sia un qualcosa di esterno,di assiomatizzato,ma al contrario il prodotto dell'intrecciarsi dei microcomportamenti con la storicità della produzione capitalistica. Microcomportamento come pratica di comunismo in atto,come pratica nomade di gruppi capaci via via di allacciarsi ad altri secondo un processo dispatico di identità e non-identità. Una pratica che non può che significare la deterritorializzazione di qualunque induzione eterodeterminata dei comportamenti stessi. Si pone,di nuovo,il problema di non aggregarsi sul terreno della spettacolarizzazione. Essere altrove,dove tutto è ovunque,dove l'arte non è separata dalla vita,dove non c'è un Nord solamente,ma tanti quanti sono i punti che compongono una linea di fuga. Fare la linea non il punto. stacco:"She smiled sweetly".

Cerchiamo di spegnere il fuoco proprio quando si tratta di soffiarci sopra. Autonomia dall'istituzionale:creare altre uscite lungo il percorso,arterie limitrofe,"secondarie", che non inciampino nei cancelli della normalizzazione.

Da che mondo è mondo la forma illusoria ed immaginaria di rappresentazione rimossa della realtà per i rivoluzionari è stata la democrazia. Democrazia,feticismo,fantasma di gruppo,eternizzazione dell'oggetto istituzionale,linceamento oggi non riuscimo a capire chi si appella alla democrazia di movimento come unico terreno di schieramento,terreno su cui si fronteggiano l'accettazione o la trasgressione della democrazia stessa. In questo modo si costringe il movimento in uno spazio che è quello dell'istituzione,delimitato e delimitante. Dislocazione altrove,riaffermazione dell'autonomia come tendenza sociale incontrollabile dei soggetti in separazione.

Alcuni temi da riprendere oggi rifiutando il concetto di professionisti dell'informazione, mettendo il proprio obiettivo laddove la tendenza latente sta emergendo. Non chiedetevi cosa significhi,chiedetevi semmai come funziona.

ricetta

"Delle salse è questo il breviario. L'apoteosi è qui della papilla:

Facoltà di Lettere dall'Università di Roma: IN UMIDO
Ingredienti:Aglio,olio,peperoncino, un pizzico di nepitella.

Tutti facilmente reperibili in grosse quantità mediante riscatto.Vi sono anche metodi di coltivazione intensiva con l'aiuto di bioproteine rinforzate (per informazioni rivolgersi ad altri settori di movimento,meglio informati di Materiali).

Per la padella da 20.000 tonnellate l'indicazione è quella di occupare a tempo indeterminato gli stabilimenti delle acciaierie di Terni e di istituirvi un corso preparatorio di 150x2 ore sulla composizione molecolare dello acciaio e sua resistenza in situazioni calde di movimento. Qualche difficoltà può presentare il trasporto della suddetta padella:determinante diviene l'apporto di gruppi spontanei capaci di guidare elettro treni e carri merci. La facoltà di Ingegneria deve invece provvedere ad elaborare un piano per l'apertura di un grosso foro di uscita ("beccuccio") per il gas. Sarebbe indicato utilizzare lo spaziolex.fontana) che si trova nel piazzale della città universitaria,sotto la statua di Minerva, (Lo scudo potrà servire inoltre come mestolo o cucchiaio).

Si tratta anche di studiare la dislocazione delle condotte del gas in modo da ottenere il "fornello" nel luogo desiderato.

La facoltà di Lettere va nettata,lavata e tagliata grossolanamente facendo attenzione a metterne da parte tutti gli inflessi,con i quali,in seguito,si potrà preparare un ottimo contorno.

Si fa scaldare nella padella l'olio portato con le auto cisterna,si accende il fuoco mediante utilizzo di fiammelli(il problema riguarda direttamente i compagni di Chimica) e si aspetta che raggiunga la temperatura desiderata.Nell'attesa è consigliabile rileggere i grundrisse.

Mettete insieme all'olio qualche pezzo d'aglio,un pò ammaccato (la schiacciatura avviene per mezzo di pale meccaniche di provenienza FIAT lai-veicoli

industriali,se ne occupano i compagni torinesi) e un pizzico di nepitella,in mancanza della quale è altrettanto indicato il prezzemolo.

Dopo aver bene asciugato l'edificio in uno strofinaccio (se ne possono usare anche più di uno,tutto dipende dalla grandezza),è consigliabile fargli prendere aria per qualche ora;in modo che possa rinfrescarsi,dolcificarsi quanto è necessario affinché il piatto raggiunga il massimo di delicatezza.

Quando l'olio comincia a grillettare gettare giu' Lettere senza infarinare.Bisogna qui specificare che non tutti i compagni si trovano d'accordo su questo punto. Interi settori di movimento hanno imposto una mozione in cui si legge esplicitamente che si ritiene necessario,e senza ulteriori indugi,l'uso della farina,e in grosse quantità anche. Frange minoritarie propongono invece la preparazione di una 'pastella',ma è doveroso ricordare che trovano un appoggio molto scarso se non nelle frange più oltranziste.

Durante la cottura condita con sale,pepe e qualche seme di peperoncino che avrete già opportunamente essiccato. A mezza cottura bagnare con sugo di pomodoro,questa chiaramente è una variazione,si può usare anche semplicemente dell'acqua,tutto dipende dalla capacità che avranno saputo dimostrare i compagni nel rifornirsi di pelati. In grossi quantitativi (si possono effettuare delle ronde nelle zone della lavorazione del san marzano,note per lo sfruttamento diffusissimo del lavoro nero) il problema dell'approvvigionamento idrico presenta senza dubbio difficoltà molto minori. I compagni della A.C.E.A. giocano un ruolo decisivo nel risolverlo.

Quando sarà cotta,e questo lo si può facilmente capire dal colore che via via assumerà,togliete Lettere dalla padella,pezzo a pezzo,facendo attenzione a separare Filosofia,e adagiate i pezzi su della carta uso assorbente affinché l'olio non rimanga intriso nel bocconi,ne potrebbe

venire compromessa la digestione.
Si tratta indi di trasportare il tutto all'"Osteria del Tempo Perso" per fare ciò necessario l'uso di tutti i mezzi,pubblici e privati,reperibili in zona,è possibile pontare i pezzicetti anche separatamente,non è necessario che il piatto venga servito caldo,può essere consumato anche freddo.

A tavola si può non rispettare alcune etichetta,la simpatia è però di rigore. Squisitamente.

Per le scelte dei vini:
Si consiglia di accompagnare con del Barbaresco del '71 o del '63 (va aperto per tempo,mezz'ora ogni anno di invecchiamento,dà risultati sorprendenti).
R.S.V.P.

"Queste bombe devono essere scoppiate la prima volta a Bologna. La carica che contengono è cacio e mozzarella ma le fanno supporre. Comunque ale sgraditele perché fanno onore all'inventore." (Artusi:La scienza in cucina', pag. 118).

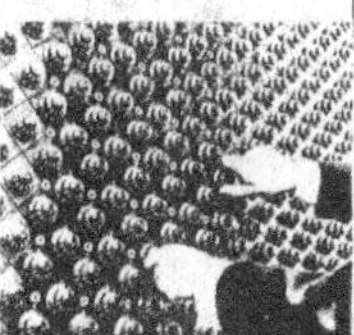

[Pablo Echaurren e Maurizio Gabbianelli], *Materiali*, I, 1 , Roma, ottobre 1977

Altrove MATERIALI

dicembre 77 — gennaio 78   anno 1   numero 2   lire 200

...MA SI', SI' RESTIAMO POESIA, PURA IMMATERIALITA'....

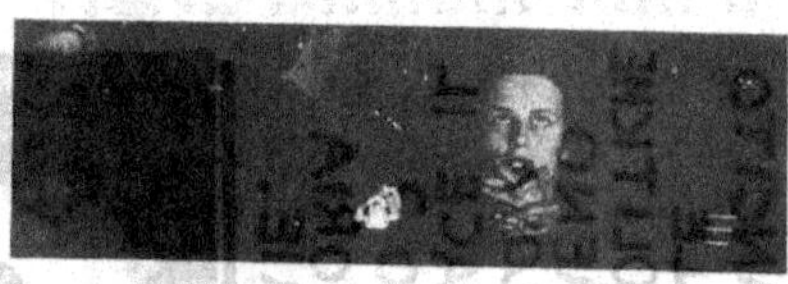

Potrete voi capire
perchè io,
sereno,
sotto la tempesta dei sarcasmi,
porti la mia anima su un vassoio
al pranzo degli anni futuri?
Lacrima inutile che cola
dalla guancia nel reato delle piazze,
io,
sono forse
l'ultimo poeta.
Avete visto
come si dondola
nei viali di pietra
il volto striato della acia 'mpiccata?
Sul collo schiumoso
dei fiumi al galoppo
i ponti tarcano le loro braccia d' ferro
Il cielo piange
a dirotto,
sonoramente,
e la piccola nube
fa una smorfia all'angolo della bocca,
come donne 'n attesa di un bimbo
sui getti Dio inveca un 'idiota deforme.
Con le dita gonfie ricoperte di rossa peluria,
il sole v' ha sfinito di carezze, 'mportuno come un tafano.
Le vostre anime sono schiave dei suoi baci.
Io intrepido,
porto nei secoli il mio odio per i raggi del giorno;
l'anima tesa come il nervo di un cavo elettrico,
io sono
la par delle lampade!
Venite a me,
voi tutti,
che avete retto il silenzio,
che urlate,
'l collo stretto nei cappi del mezzogiorno:
le mie parole,
semplici come muggiti,
vi sveleranno
le vostre anime nuove,
romsanti
come lampade ad arco.
Con le dita non ho che da toccarvi le teste,
e vi cresceranno
dalle labbra
fatte per baci enormi
e una lingua
che tutti i popoli comprendano.
Ne io, con la mia piccola anima zoppicante,
monterò sul mio trono
sotto le volte legere, bucate di stelle.
Mi sdraierò,
luminoso,
vestito di pigrizia,
in un morbido letto di vero letame,
e dolcemente,
baciando le ginocchia delle traversine,
la ruota d'una locomotiva abbraccerà il mio collo.

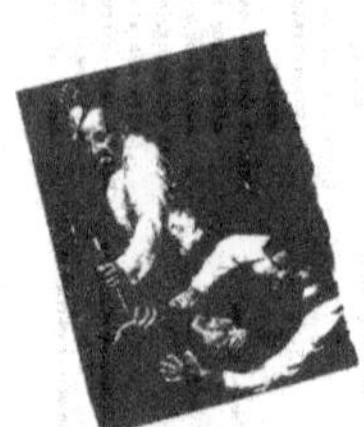

Il leader è la spettacolarizzazione della vita parcellizzata, ridotta a mera sopravvivenza, incarna il massimo grado di separazione della vita quotidiana dall'esistenza come esistenza "altra". E' così che svolgendo un ruolo unico, diviso da tutti gli altri, credendo di riassumere in sè tutto, eleva se stesso a massima realizzazione del potere, mentre non fa che riprodurre la realtà del capitale, produzione e consumo, si tocca il punto più basso nella negazione del potere dell'esistenza per l'esistenza del potere. Lo spettacolo della propria gratificazione nell'introiezione dello spettacolo stesso

ANCORA UN PASSO

Il disseccamento

Due o tre gocce d'acqua "sporca" vengono deposte su un vetrino piatto. Alcuni rotiferi vi ṅuotano; colloco la preparazione sotto il microscopio per seguire, a debole ingrandimento, le fasi della tragedia che si prepara.

Poche gocce d'acqua evaporano abbastanza presto. Dopo non molto, vedo segni di allarme nei miei rotiferi. Si scostano dalla periferia, dove già si notano segni della siccità minacciante, e si rifugiano al centro. Guardandoli, penso al racconto di Edgar Poe *, a quella chioma di una cometa che spazza la terra sottraendole l'ossigeno, e a tutta quell'umanità terrificata che si accalca negli ultimi punti dov'è ancora possibile respirare.

I miei rotiferi si avvicinano alle alghe e alle particelle solide che trattengono acqua. Non hanno più modo di nuotare; strisciano. Ma l'evaporazione prosegue... Che penseranno, i miei vermi rosa?

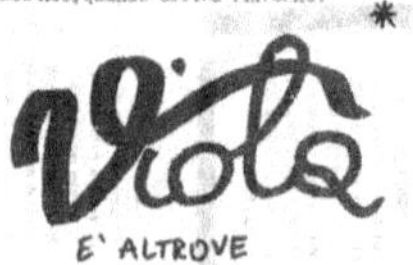

Molti anni dopo, di fronte al plotone di esecuzione, Aureliano Buendìa si sarebbe ricordato di quel pomeriggio in cui suo padre lo aveva condotto a vedere il ghiaccio.

Macondo era allora un villaggio di 20 case di argilla e di canne selvatiche, costruito sulle rive di un fiume dalle acque diafane. Il mondo era così recente che molte cose erano prive di nome, e per citarle bisognava indicarle col dito

Tutti gli anni, una famiglia di zingari cenciosi piantava la tenda vicino al villaggio, e con grande frastuono di zufoli e di tamburri faceva conoscere le nuove invenzioni. Prima portarono la calamita per trovare l'oro, poi il ghiaccio che stupiva i bambini e che bruciava la mano, il cannocchiale con una lente grossa come un tamburro che esibirono come l'ultima scoperta degli ebrei di Amsterdam.

E così gli anni passavano. E di anno in anno nuove famiglie di zingari si aggiungevano a quelle processione di straccioni, di giullari, e di inventori chiassosi, che puntualmente, con l'arrivo dell'inverno, si radunano a Macondo per barattare oggetti, rumori e trucchi di paesi lontani, per meravigliare gli uomini ed i bambini raccontando cose del Portogallo e del Reame di Polonia, e che annunciano il proprio arrivo, sempre, con la musica uninsiemedelle invenzioni.

Non si sa come facciano a trovare la strada per Macondo, sommersa dalla giungla, ma è chiaro che il bazar annuale degli zingari è l'unica possibilità per gli abitanti del villaggio di vedere altra gente, di sapere cosa succede al di là del mare

E sempre c'è qualcuno che quando si smonta il bazaar, e gli zingari se ne vanno che li segue per imparare, chissà dove, l'arte di arrangiarsi, e di il segreto del sorriso di chi vive chissà come, forse senza lavorare, amici delle stelle, popolo per qualche giorno soltanto, a Macondo, quando arriva l'inverno.

*

Viola

E' ALTROVE

Come funziona la macchina/chiediamoce lo di nuovo/con altre armi o no perchè ancora chiederci/definire? Oggi /è possibile null'altro/nella sua materialità/Rendiamoci nell'immonddezzelo dell'intelligenza/sporchiamo le nostre tute LA VOLGARITA' del LAVORO ci ripugna won Siamo essenza pura materialmente indecifrabili/assenti /nel silenzio/Cala il siparlo sull'ultimo spettacoll/niente, mai più, può essere rappresentato perderci nelle notti dell'incoscenza/iremiamo tessiamo/coniare le stelle é uno scherzo/Macchina che batti ancora lavoro/prestere nell'ozio/segmenti di vita al valore/MAI PIU'/strappiamo/bruciamo/AUTOMAZIONE totale/affinché il lavorò sia impraticabile, Il comunismo come spetato uso del capitalow/tappa di fase/niente nostalgie/salutiamo le righe false:immateriali/che serve oggi scrivere:la macchina comunicativa riprende a funzionare con altre armi/e intanto qualcuno continua a scrivere "Sarlo sulla carta lucida/ma FRISCOlia amiamo/urleremo ancora/libertà per l'intelligenza, tutta/contro il lavoro/E frisco é libero e noi cerchiamo in fretta nella pattumiera una mappa di Roma l'università, pantheon l'orsottantotto/strappiamo bruciamo/niente erba alle nostre spalle/libertà per l'intelligenza/stringa che ti schedaici attaccano sulla vita!Ora sentono la nostra debolezza ci attaccano!Ma che volete dal mio popolo? Contarci forse?Pazzi, provate a contare le stelle!Roma, Tre milioni dà abitanti,.noi fra questi?Terra Straniera/ESUL itvolentarlamente straordinaria mente semplicemente schizofrenicamente di nuovo, ASSENTI, Molotov nel bar vetrine in frantumi piacere della trasgressione bruciamo/radisol nelb unghie/in fretta, i finnesco chiusi tira siamo imperbeabil all'uragano dell'informazione/ancora tragicamente simbolici/

segue in seconda

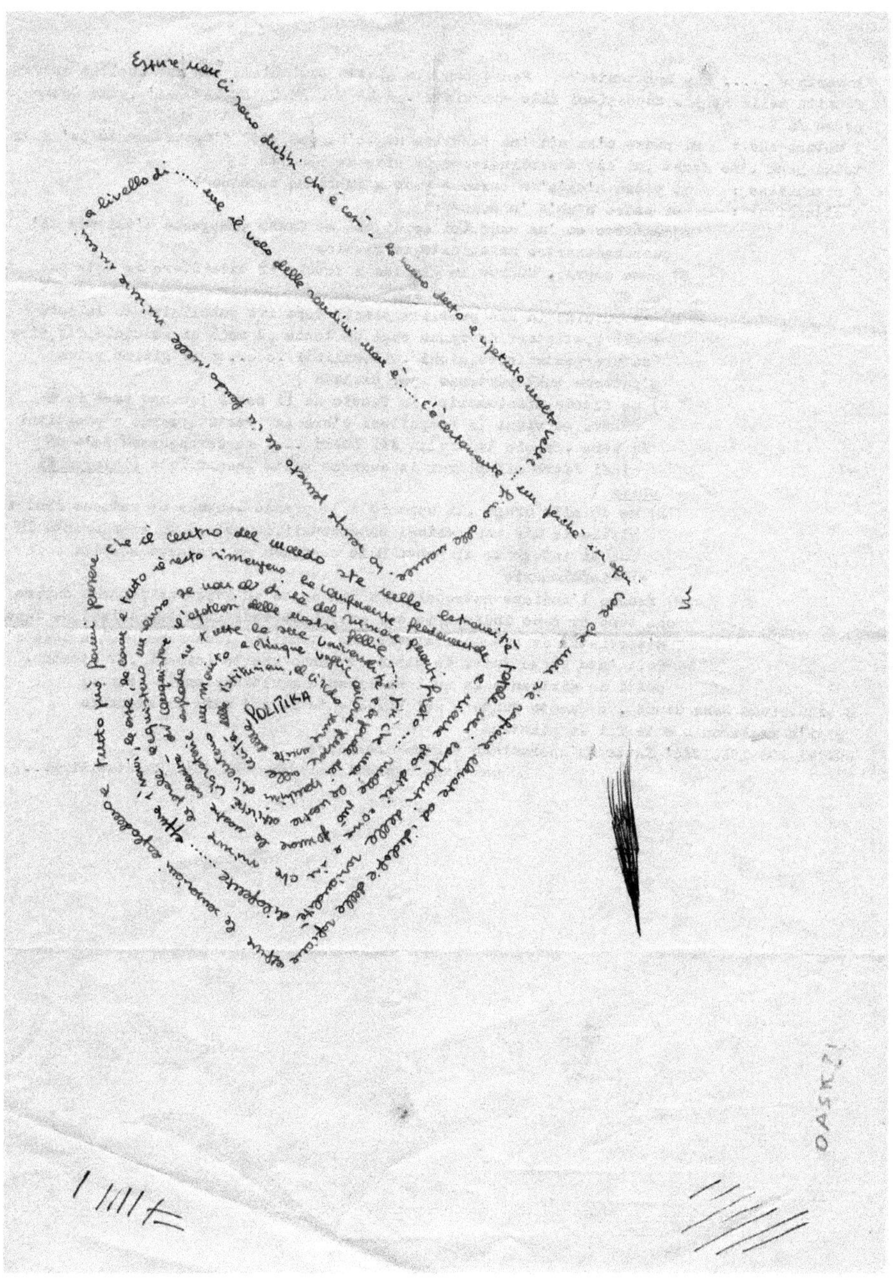

Testo per *Oask?!*, 1977

Postfazione

Raffaella Perna

Avanguardia di massa è il saggio che dà il nome alla fortunata raccolta di scritti pubblicata nel marzo del 1978 da Maurizio Calvesi per l'editore milanese Giangiacomo Feltrinelli: a distanza di quarant'anni, il testo viene oggi riproposto nella sua forma originaria come primo volume della collana *Quaderni della Fondazione Echaurren Salaris*, concepita con lo scopo di promuovere lo studio dell'arte contemporanea, ponendo particolare attenzione ai nessi tra la cultura visiva del XX secolo e l'attivismo politico.

Con una lucidità che ha pochi confronti nel panorama culturale dell'epoca, Calvesi dà una lettura, a caldo, del processo di appropriazione e riuso dei linguaggi dell'avanguardia da parte dei gruppi legati alle proteste giovanili e studentesche emerse a ridosso del '77, con epicentro a Bologna, Roma, Milano, e ramificazioni in tutto il territorio nazionale. In questo frangente la sperimentazione artistica fuoriesce dal laboratorio circoscritto dell'avanguardia per diventare patrimonio condiviso della massa di studenti, lavoratori precari e proletari scolarizzati che compone il movimento. La nuova generazione attinge al bagaglio di esperienze della prima e della seconda avanguardia, facendo proprie pratiche come il collage, il *détournement*, la deriva e lo happening, per trasformare i linguaggi canonici, secondo una strategia ritenuta inscindibile dall'azione politica. Benché appartenga a una generazione lontana da quella dei nuovi contestatori, Calvesi è tra i primi a farsi interprete del processo di "massificazione dell'avanguardia" condotto dal movimento attraverso trasmissioni radio, slogan, scritte sui muri, azioni di strada e fanzine come *A/traverso, Zut, OASK?!, Il complotto di Zurigo*. Diversamente da altri intellettuali italiani che in quel momento prendono in esame il fenomeno (restano a tutt'oggi memorabili gli interventi di Umberto Eco su *L'Espresso* e il *Corriere della Sera*), la prospettiva adottata da Calvesi è quella dello storico dell'arte, attento più agli esiti espressivi e linguistici che all'ideologia promossa dai gruppi antagonisti. Calvesi, all'epoca, è impegnato sul doppio fronte dell'attività accademica (dal 1970 è docente all'Università di Palermo, dal 1976 alla Sapienza di Roma) e della critica militante. Di entrambi gli aspetti resta traccia nella stesura del testo: in *Avanguardia di massa* Calvesi infatti, da un lato, procede con rigore storico e cura filologica, interpretando i gesti e gli esperimenti creativi delle nuove generazioni alla luce delle vicende storico-artistiche del primo e del secondo Novecento, dall'altro, mostra uno sguardo attento sul presente. Il proposito dichiarato dallo studioso nel testo posto a introduzione di *Avanguardia di massa* (da lui intitolato *Giustificazione*, quasi a sottolineare la natura non ortodossa del volume) è infatti quello "di verificare o confrontare alla storia più o meno recente situazioni attuali di crisi dell'arte, o di convergenza della problematica e delle contraddizioni dell'avanguardia nel comportamento trasgressivo delle giovani generazioni"[1]. Sul connubio tra avanguardia e movimento studentesco Calvesi era già intervenuto alcuni anni prima, quando, in un volume sul Futurismo (1970)[2], aveva riconosciuto in quel movimento una fonte importante per le pratiche di contestazione del '68, e aveva individuato nel disprezzo dell'accademismo e delle istituzioni, nell'apologia della gioventù, nell'anti-riformismo, nel vitalismo e nel rifiuto dell'arte romantico-borghese, i punti di contatto tra le due realtà. Vicino a Giacomo Balla sin dalla prima infanzia, membro del gruppo Aeropoeti Sant'Elia dal 1941, Calvesi è tra gli storici dell'arte italiani che, nel dopoguerra, ha più contribuito alla rivalutazione critica del movimento futurista: dai primi studi dedicati a Umberto Boccioni nel 1953 ai saggi raccolti nel 1966 nel volume *Le due avanguardie*.

Dal Futurismo alla Pop Art. In quest'ultimo, insieme agli scritti su Boccioni e il Futurismo, lo studioso propone un'originale lettura del New Dada e della Pop Art, includendo tra l'altro nella raccolta il saggio *Ricognizione e reportage*, apparso nel 1963 sulle pagine della rivista palermitana *Collage*.

Il retroterra culturale di Calvesi e la sua capacità di individuare gli elementi di continuità e di rottura tra le prime e le seconde avanguardie fanno sì che, all'emergere della nuova contestazione del '77, lo studioso guardi con attenzione e senza pregiudizi alle nuove pratiche creative messe in atto dagli indiani metropolitani, sollevando quesiti interni alla storia dell'arte, che riguardano anzitutto i legami tra la nuova generazione di militanti e le passate avanguardie. Attraverso un confronto serrato tra i proclami del Dada, del Surrealismo e soprattutto del Futurismo e gli slogan del '77, Calvesi propone una genealogia che servirà da modello per le successive letture dedicate al rapporto tra avanguardia e movimento, la cui eco si riflette ancor oggi sugli studi recenti, in molti dei quali l'esperienza futurista è riconosciuta come una fonte importante per la cosiddetta ala creativa del movimento.

Insieme al saggio *Avanguardia di massa* si è scelto di pubblicare altri due scritti che, in anni diversi, Calvesi ha dedicato al '77. Il primo è un testo apparso anch'esso nella raccolta *Avanguardia di massa*, intitolato *Kassel o gli indiani?*, uscito originariamente sul *Corriere della Sera* con il titolo redazionale di *Non è Kassel la vera concorrenza* (11 settembre 1977), in cui il critico, tornando a esaminare il rapporto tra avanguardia e arte del presente, individua nell'agire beffardo e *nonsensical* degli indiani metropolitani l'eredità dell'esperienza avanguardista: "Gli esiti ulteriori delle avanguardie non sono ipotizzabili che in una direzione di massa e politicamente incidente, e, piaccia o no, le ultime non sono venute da Kassel ma, con il loro neoavanguardismo tra manieristico e goliardico e tuttavia sperimentato in una concreta ipotesi antiprofessionale e intersoggettiva da quegli sciagurati degli indiani metropolitani"[3].

Il terzo e ultimo testo proposto in questo volume è un saggio scritto da Calvesi a vent'anni di distanza dai primi due, in occasione della mostra *Oltreconfine. Indiani metropolitani, maodadaisti e altri avventuristi a Roma*[4], tenutasi nel 1998 presso il Museo Laboratorio di Arte Contemporanea dell'Università "La Sapienza", diretto all'epoca dallo stesso Calvesi. In quest'occasione lo studioso tira le fila delle sue analisi precedenti, tornando a riflettere sul carattere di rottura dell'esperienza del movimento. Nell'ambito della mostra Calvesi riconosce il ruolo cruciale di Pablo Echaurren nella creazione dell'immaginario visivo del '77: "Ora sappiamo che autore di gran parte dei materiali grafici pubblicati sulle riviste soprattutto romane del "movimento" era un artista: Pablo Echaurren"[5]. Quest'ultimo, infatti, non firmava i fogli, le illustrazioni, i volantini e i disegni realizzati nel periodo vissuto all'interno del movimento romano, poiché privilegiava modalità di lavoro anonime e corali, che fossero in sintonia con i propositi politici anti istituzionali e anticapitalisti della compagine. Non è sorprendente, dunque, che il riconoscimento critico per questa fase del lavoro di Echaurren arrivi due decenni dopo e, soprattutto, che sia Calvesi il primo ad accogliere all'interno di uno spazio istituzionale una mostra dedicata al '77: dopo avere compreso tempestivamente i risvolti e le implicazioni critiche della prima "avanguardia di massa", Calvesi ha gettato le basi per la sua storicizzazione. A lui va dunque il più sentito ringraziamento da parte mia e della Fondazione Echaurren Salaris per avere generosamente autorizzato la pubblicazione di questo volume.

1. Calvesi Maurizio, *Giustificazione*, in *Avanguardia di massa*, Giangiacomo Feltrinelli Editore, Milano 1978, p. 7.

2. Calvesi Maurizio, *Il Futurismo*, Fratelli Fabbri, Milano 1970; uno stralcio del testo viene ripubblicato con il titolo *La cultura del Sessantotto e le avanguardie* anche in *Avanguardia di massa*, cit., pp. 255-258.

3. Calvesi Maurizio, *Kassel o gli indiani?*, in *Avanguardia di massa*, cit., p. 285.

4. Calvesi Maurizio, *Vent'anni dopo*, in Ferri Patrizia (a cura di), *Oltreconfine. Indiani metropolitani, maodadaisti e altri avventuristi a Roma*, catalogo della mostra Museo Laboratorio di Arte Contemporanea, Università degli Studi di Roma "La Sapienza", Joyce & Co., Roma 1998, s.p.

5. *Ibid.*

Bibliografia

AA. VV., *Sarà un risotto che vi seppellirà. Materiali di lotta dei circoli proletari giovanili di Milano*, Squilibri edizioni, Milano 1977.

AA. VV., *Lingue & linguaggi. Gli indiani metropolitani. Storie, documenti, testi, immagini*, in "DeriveApprodi", n.15, Roma 1997 (con testi di Pablo Echaurren, Maurizio Gabbianelli, Carlo Infante, Adriano Sofri, Olivier Turquet).

AA. VV., *77/Spazi occupati spazi liberati*, Galleria Antichi Forni, Macerata (catalogo); s.e., Macerata 2005.

Agostini Gabriele (a cura di), *Tano D'Amico, Pablo Echaurren. Il piombo e le rose. Utopia e creatività nel movimento 1977*, Museo di Roma in Trastevere (catalogo, con testi di Gabriele Agostini, Tano D'Amico, Pablo Echaurren, Diego Mormorio, Raffaella Perna, Kevin Repp, Claudia Salaris, Gianfranco Sanguinetti); Postcart, Roma 2017.

Annunziata Lucia, *1977. L'ultima foto di famiglia*, Einaudi, Torino 2007.

Asor Rosa Alberto, *Le due società. Ipotesi sulla crisi italiana*, Einaudi, Torino 1977.

Balestrini Nanni - Moroni Primo (a cura di), *L'orda d'oro. 1968-1977*, SugarCo Edizioni, Milano 1988; *L'orda d'oro. 1968-1977. La grande ondata rivoluzionaria e creativa, politica ed esistenziale*, Giangiacomo Feltrinelli Editore, Milano 2015.

Balestrini Nanni - D'Amico Tano, *Ci abbiamo provato. Parole e immagini del settantasette*, Bompiani, Milano 2017.

Berardi Franco, *Finalmente il cielo è caduto sulla terra*, Squilibri edizioni, Milano 1978.

Berardi Franco (Bifo) - Biliotti Emanuela (a cura di), *La rivoluzione della creatività*, in "Riscoprire", n. 2, dicembre-gennaio, Roma 2011.

Bifo - Gomma (a cura di), *Collettivo A/traverso. Alice è il diavolo. Storia di una radio sovversiva* (contiene CD con le registrazioni originali del 1976 e 1977); Shake, Milano 2002.

Biliotti Emanuela (a cura di), *Collezione Dario Fiori. Riviste documenti libri*, Beinecke Rare Book & Manuscript Library Yale University (catalogo); Libri senza data, Milano [s.d.].

Calvesi Maurizio, *Avanguardia di massa*, Giangiacomo Feltrinelli Editore, Milano 1978.

Calvesi Maurizio, *Vent'anni dopo*, in Ferri Patrizia (a cura di), *Oltreconfine. Indiani metropolitani, maodadaisti e altri avventuristi a Roma*, Museo Laboratorio di Arte Contemporanea, Università degli studi di Roma "La Sapienza" (catalogo); Joyce & Co., Roma 1998, s.p.

Capelli Luciano - Saviotti Stefano (a cura di), *Collettivo A/traverso. Alice è il diavolo. Sulla strada di Majakovskij: testi per una pratica di comunicazione sovversiva*, Edizioni L'erba voglio, Milano 1976.

Cappellini Stefano, *Rose e pistole. 1977. Cronache di un anno vissuto con rabbia*, Sperling & Kupfer editori, Milano 2007.

Casilio Silvia - Paolucci Marco (a cura di), *Scatti in movimento*, Edizioni Università di Macerata EUM, Macerata 2009.

Ciaponi Francesco, *Underground. Ascesa e declino di un'altra editoria*, Costa & Nolan, Milano 2007; nuova edizione aumentata: *Underground. Ascesa e declino di un'altra editoria. 1966-1977*, Edizioni del Frisco, Santa Croce sull'Arno (Pistoia) 2018.

Collettivo "La nostra assemblea" (a cura di), *Le radici di una rivolta. Il movimento studentesco a Roma: interpretazioni, fatti e documenti, febbraio-aprile 1977*, Giangiacomo Feltrinelli Editore, Milano 1977.

Di Nallo Egeria, *Indiani in città*, Nuova universale Cappelli, Bologna 1977.

Echaurren Pablo, *Parole ribelli. I fogli del '77*, Stampa Alternativa, Roma 1997.

Echaurren Pablo, *Compagni*, Bollati Boringhieri, Torino 1998.

Echaurren Pablo - Pautasso Guido (a cura di), *Felce e mirtillo. Dalla Beat Generation agli Indiani Metropolitani (1967-1977)* (catalogo); Derbylius Libreria Galleria d'Arte, Milano 1998.

Echaurren Pablo - Salaris Claudia, *Controcultura in Italia. 1967-1977*, Bollati Boringhieri, Torino 1999.

Echaurren Pablo, *La casa del desiderio*, Manni, Lecce 2005.

Echaurren Pablo, *Il mio '77*, Edizioni dell'Arengario, Gussago 2013.

Echaurren Pablo, *Il mio '77*, in Agostini Gabriele (a cura di), *Tano D'Amico, Pablo Echaurren. Il piombo e le rose. Utopia e creatività nel movimento 1977*, Museo di Roma in Trastevere (catalogo); Postcart, Roma 2017, pp. 103-123.

Echaurren Pablo, *Intervista,* in Meneguzzo Marco (a cura di), *Arte ribelle. 1968-1978. Artisti e gruppi dal Sessantotto*, Galleria Gruppo Credito Valtellinese (catalogo); Collana artistica della Fondazione Gruppo Credito Valtellinese, Milano 2017, pp. 80-81.

Echaurren Pablo, *Il magma contro il dogma*, in Assante Ernesto (a cura di), *1977. Gioia e rivoluzione*, Arcana, Roma 2017, pp. 111-115.

Echaurren Pablo, *1977 in brandelli*, Strade bianche di Stampalternativa, [s.l.] 2018.

Echaurren Pablo, *Via dei Magazzini Generali. Disegni per Lotta continua*, Strade bianche di Stampalternativa, [s.l.] 2018.

Echaurren Pablo - Salaris Claudia, *La fattoria degli animali dissidenti*, Strade bianche di Stampalternativa, [s.l.] 2018.

Echaurren Pablo, *Ritratti di compagni. Cuori caldi*, Strade bianche di Stampalternativa, [s.l.] 2018.

Eco Umberto, *Sette anni di desiderio*, Bompiani, Milano 1983.

Falciola Luca, *Il movimento del 1977 in Italia*, Carocci editore, Roma 2016.

Ferri Patrizia (a cura di), *Oltreconfine. Indiani metropolitani, maodadaisti e altri avventuristi a Roma*, Museo Laboratorio di Arte Contemporanea, Università degli studi di Roma "La Sapienza" (catalogo, con testi di Maurizio Calvesi, Patrizia Ferri, Carlo Infante); Joyce & Co., Roma 1998.

Froio Felice (a cura di), *Il dossier della nuova contestazione*, Mursia, Milano 1977.

Gallino Ignazio Maria (a cura di), *1965-1985. Venti anni di controcultura*, Ignazio Maria Gallino Editore, Milano 2016.

Grispigni Marco, *Il settantasette*, Il Saggiatore-Flammarion, Milano 1997; *1977*, Manifestolibri, Roma 2006.

Guarnaccia Matteo - Pautasso Guido Andrea (a cura di), con un intervento di Echaurren Pablo, Civico museo d'arte contemporanea - Associazione culturale La Compagnia Altaforte, Monza (catalogo); HEFTI, Monza 1999.

Iacarella Andreas, *Indiani metropolitani. Politica, cultura e rivoluzione nel '77*, Red Star Press, Roma 2018.

Lerner Gad - Manconi Luigi - Sinibaldi Marino (a cura di), *Uno strano movimento di strani studenti. Composizione, politica e cultura dei non garantiti*, Giangiacomo Feltrinelli Editore, Milano 1978.

Manconi Luigi - Sinibaldi Marino (a cura di), *Uno strano movimento di strani studenti,* in "Ombre Rosse", n. 20, Savelli, Roma 1977.

Mariscalco Danilo, *Dai laboratori alle masse. Pratiche artistiche e comunicazione nel movimento del '77*, Ombre corte, Verona 2014.

Monicelli Mino, *L'ultrasinistra in Italia. 1968-1978*, Laterza, Bari 1978.

Perna Raffaella, *Pablo Echaurren. Il movimento del '77 e gli indiani metropolitani*, Postmedia Books, Milano 2016.

Perna Raffaella, *"Il Complotto di Zurigo": la rilettura del Dadaismo nella cultura e nelle pratiche espressive del movimento del '77*, in Cristina Casero - Elena Di Raddo - Francesca Gallo (a cura di), *Arte fuori dall'arte* (Atti del convegno presso l'Università Cattolica di Milano, 12-13 ottobre 2016); Postmedia Books, Milano 2017, pp. 161-167.

Perna Raffaella - Repp Kevin (a cura di), *Pablo Echaurren. Du champ magnétique. Opere 1977 -2017*, Scala Contarini del Bovolo, Venezia (catalogo, con testi di Raffaella Perna, Kevin Repp, Claudia Salaris); Silvana Editoriale, Cinisello Balsamo 2017.

Perna Raffaella, *Intorno al '77: Pablo Echaurren e la stampa alternativa*, in Agostini Gabriele (a cura di), *Tano D'Amico, Pablo Echaurren. Il piombo e le rose. Utopia e creatività nel movimento 1977*, Museo di Roma in Trastevere (catalogo); Postcart, Roma 2017, pp. 73-87.

Recupero Nino (a cura di), *1977 autonomia / organizzazione*, Pellicanolibri, Catania 1978.

Protani Diego – Vacca Viviana, *Sulle labbra del tempo. Area tra musica, gesti ed immagini*, LFA Publisher, Napoli 2017.

Repp Kevin, *How I learned italian, or: discovering Italy throught the lens of '77/ Come ho imparato l'italiano, ovvero: scoprire l'Italia attraverso le lenti del '77*, in Agostini Gabriele (a cura di), *Tano D'Amico, Pablo Echaurren. Il piombo e le rose. Utopia e creatività nel movimento 1977*, Museo di Roma in Trastevere (catalogo); Postcart, Roma 2017, pp. 63-71.

Rorro Angelandreina (a cura di), *Pablo Echaurren. Contropittura*, Galleria nazionale d'arte moderna e contemporanea, Roma (catalogo, con testi di Kevin Repp, Angelandreina Rorro, Claudia Salaris, Arturo Schwarz e una lettera di Gianfranco Baruchello); Silvana Editoriale, Cinisello Balsamo 2015.

Salaris Claudia, *Il movimento del settantasette*, AAA, Bertiolo 1997.

Salaris Claudia, *La Roma delle avanguardie. Dal futurismo all'underground*, Editori Riuniti, Roma 1999.

Salaris Claudia, *Utopia e creatività nel movimento del '77*, in Agostini Gabriele (a cura di), *Tano D'Amico, Pablo Echaurren. Il piombo e le rose. Utopia e creatività nel movimento 1977*, Museo di Roma in Trastevere (catalogo); Postcart, Roma 2017, pp. 43-61.

AUDIOVISIVI E LINK

Indiani metropolitani. Ironia e creatività nel movimento del '77, film (52') scritto da Claudia Salaris, diretto da Antonella Sgambati, prodotto dalla Fondazione Echaurren Salaris, Roma 2017.

www.rai.it/dl/RaiTV/programmi/media/ContentItem-91d71b4a-78d2-44b5-8df7-760e3a58d8d8.html

www.postwarcultureatbeinecke.org/pabloechaurren

www.postwarcultureatbeinecke.org/movimento-del-77

Maurizio Calvesi
Avanguardia di massa.
Compaiono gli indiani metropolitani

postmedia books 2018
102 pp. 17 ill.
isbn 9788874902118

Finito di stampare nel mese di luglio 2018
presso Ebod Srl

Postmedia Srl
Milano
www.postmediabooks.it